Direito imobiliário

Central de Qualidade – FGV Online
ouvidoria@fgv.br

Christiane Scabell Höhn
Cristiana Moreira Bastida

Copyright © 2014 Christiane Scabell Höhn/Cristiana Moreira Bastida

Direitos desta edição reservados à
EDITORA FGV
Rua Jornalista Orlando Dantas, 37
22231-010 – Rio de Janeiro, RJ – Brasil
Tels.: 0800-021-7777 – 21 3799-4427
Fax: 21 3799-4430
editora@fgv.br – pedidoseditora@fgv.br
www.fgv.br/editora

Impresso no Brasil/*Printed in Brazil*

Todos os direitos reservados. A reprodução não autorizada desta publicação, no todo ou em parte, constitui violação do copyright (Lei nº 9.610/98).

Os conceitos emitidos neste livro são de inteira responsabilidade dos autores.

1ª edição – 2014; 1ª reimpressão – 2015.

Preparação de originais: Tatiana Bernacci Sanchez
Editoração eletrônica: FGV Online
Revisão: Beatriz Sobral Monteiro, Milena Clemente de Moraes e Aleidis de Beltran
Capa: Aspectos
Imagem da capa: © Soleg1974 | Dreamstime.com

Höhn, Christiane Scabell
  Direito imobiliário/Christiane Scabell Höhn e Cristiana Moreira Bastida. Rio de Janeiro: Editora FGV, 2014.
  240 p. – (Direito (FGV Online))

  Publicações FGV Online.
  Inclui autoavaliações, vocabulário e bibliografia comentada.
  ISBN: 978-85-225-1493-9

  1. Direito imobiliário. 2. Direito de propriedade. 3. Posse (Direito). 4. Hipotecas. I. Bastida, Cristiana Moreira. II. FGV Online. III. Fundação Getulio Vargas. IV. Título. V. Série.

  CDD – 341.2739

Ao meu marido, companheiro de todas as horas, e a meus filhos, pela compreensão por uma ausência tão prolongada.
Christiane

À minha família, pelo apoio incondicional; e à equipe de imobiliário do BMA, pela grande colaboração para este trabalho.
Cristiana

SUMÁRIO

Apresentação	13
Publicações FGV Online	15
Introdução	19
Módulo I – Introdução ao direito imobiliário	21
Bens imóveis	24
Imóvel urbano e rural	24
Registros	26
Especificidades dos imóveis rurais	27
Lei nº 10.267/2001	27
Georreferenciamento	28
Reserva legal	29
Restrições à alienação	30
Empresa brasileira controlada por estrangeiros	31
Teoria geral dos direitos reais	34
Apropriação	34
Patrimônios e direitos	34
Características dos direitos reais	35
Relação taxativa ou *numerus clausus*	35
Caráter *erga omnes*	37
Direito de sequela	38
Preferência	39
Classificação dos direitos reais	39
Direito real sobre coisa própria	40
Direito real sobre a coisa alheia	40
Direito real de aquisição	41
Posse e propriedade	42
Conceitos iniciais	42
Posse	42

Efeitos da posse	43
Aquisição e transmissão	44
Desdobramento da posse	44
Tipos de posse	44
Propriedade	45
Direito de propriedade	46
Função social da propriedade	46
Propriedades urbanas	47
Propriedades rurais	49
Direito de propriedade e função social	50
Aquisição da propriedade	51
Perda da propriedade	52
Direito do promitente comprador	54
Processo de compra e venda do imóvel	54
Conclusão de compra e venda	54
Escritura pública	55
Arras	56
Adjudicação compulsória	57
Direito registral	58
Sistema registral	58
Matrícula, registro e averbação	58
Atributos do sistema registral	59
Cuidados na aquisição	61
Certidões relativas ao imóvel	61
Autoavaliações	**65**
Módulo II – Condomínio e empreendimentos imobiliários	**71**
Espécies de condomínios	74
Condomínio voluntário	74
Condomínio necessário	76
Condomínio edilício	76
Áreas de uso comum	77
Instituição do condomínio	77
Convenção de condomínio	77
Despesas do condomínio	79
Atribuições do síndico	79

Assembleias	80
Deveres e direitos dos condôminos	82
Extinção do condomínio	84
Incorporação imobiliária	84
Definição	84
Incorporador	85
Patrimônio de afetação	87
Código de Defesa do Consumidor	88
Revisão do contrato	89
Cláusula penal ou multa	90
Fato do produto e vício do produto	91
Aplicação das regras	92
Loteamento	93
Definição	93
Lote e infraestrutura	94
Função do loteador	95
Competência para legislar	95
Aproveitamento do solo	96
Condomínios fechados	96
Parcelamento de imóvel rural	97
Autoavaliações	**99**
Módulo III – Investimentos imobiliários	**105**
Cédula de crédito imobiliário	108
Título de crédito	108
Créditos imobiliários	109
Requisitos essenciais	109
Certificados de recebíveis imobiliários (CRI)	110
Registros e negociação	111
Garantia	112
Patrimônio separado	113
Deveres da securitizadora	114
Fundos de investimento imobiliário	114
Criação e características	114
Subscrição das cotas	115
Pagamento das cotas	115

Carteira dos FIIs	116
Limitações e restrições	116
Administrador dos FIIs	117
Garantias imobiliárias	118
Modalidades	118
Hipoteca	118
Transferência ou posse	119
Outras hipotecas	120
Prenotação	120
Venda ou alienação	120
Inadimplemento	121
Prazo da hipoteca	121
Modalidades da hipoteca	122
Extinção da hipoteca	122
Remição hipotecária	123
Divisão do ônus	123
Alienação fiduciária	124
Posse do imóvel	125
ITBI e laudêmio	125
Venda do imóvel	126
Autoavaliações	**129**
Módulo IV – Locação	**135**
Arrendamento e parceria rural	138
Introdução	138
Partes no arrendamento	139
Prazos	139
Proteção, direitos e deveres	140
Extinção e subarrendamento	140
Parceria rural	141
Locações urbanas	142
Imóveis urbanos	142
Contrato de locação	143
Sublocações	145
Aluguel	145
Deveres do locador e do locatário	146

Direito de preferência	146
Benfeitorias	147
Garantias locatícias	148
Outras locações e procedimentos	149
Locação residencial	149
Locação para temporada	150
Locação não residencial	151
Locações comerciais	151
Fundo de comércio	151
Locação não renovada	152
Procedimentos judiciais	152
Ações de despejo	153
Rescisão evitada	153
Ação procedente	154
Ação de consignação de aluguel	154
Ação revisional de aluguel	155
Ação renovatória	155
Locações em *shopping center*	157
Operações *built to suit*	157
Construção sob encomenda	157
Conceito	157
Caráter peculiar	158
Controvérsias	158
Etapas da operação	158
Autoavaliações	**163**
Vocabulário	**169**
Autoavaliações – Gabaritos e comentários	**199**
Módulo I – Introdução ao direito imobiliário	201
Módulo II – Condomínio e empreendimentos imobiliários	209
Módulo III – Investimentos imobiliários	217
Módulo IV – Locação	223
Bibliografia comentada	**229**

Autoras 233

FGV Online 235

Apresentação

Este livro faz parte das Publicações FGV Online, programa de educação a distância da Fundação Getulio Vargas (FGV).

A FGV é uma instituição de direito privado, sem fins lucrativos, fundada, em 1944, com o objetivo de ser um centro voltado para o desenvolvimento intelectual do país, reunindo escolas de excelência e importantes centros de pesquisa e documentação focados na economia, na administração pública e privada, bem como na história do Brasil.

Em todos esses anos de existência, a FGV vem gerando e transmitindo conhecimentos, prestando assistência técnica às organizações e contribuindo para um Brasil sustentável e competitivo no cenário internacional.

Com espírito inovador, o FGV Online, desde sua criação, marca o início de uma nova fase dos programas de educação continuada da Fundação Getulio Vargas, atendendo não só aos estudantes de graduação e pós-graduação, executivos e empreendedores, como também às universidades corporativas que desenvolvem projetos de *e-learning*, e oferecendo diversas soluções de educação a distância, como videoconferência, TV via satélite com IP, soluções *blended* e metodologias desenvolvidas conforme as necessidades de seus clientes e parceiros.

Desenvolvendo soluções de educação a distância a partir do conhecimento gerado pelas diferentes escolas da FGV – a Escola Brasileira de Administração Pública e de Empresas (Ebape), a Escola de Administração de Empresas de São Paulo (Eaesp), a Escola de Matemática Aplicada (EMAp), a Escola de Pós-Graduação em Economia (EPGE), a Escola de Economia de São Paulo (Eesp), o Centro de Pesquisa e Documentação de História Contemporânea do Brasil (Cpdoc), a Escola de Direito do Rio de Janeiro (Direito Rio), a Escola de Direito de São Paulo (Direito GV) e o Instituto Brasileiro de Economia (Ibre) –, o FGV Online é parte integrante do Instituto de Desenvolvimento Educacional (IDE), criado em 2003, com o objetivo de coordenar e gerenciar uma rede de distribuição única para os produtos e serviços educacionais produzidos pela FGV.

Visando atender às demandas de seu público-alvo, atualmente, o FGV Online disponibiliza:

- cursos de atualização via *web*, com conteúdos fornecidos por professores das diversas escolas da FGV;
- desenvolvimento e customização de cursos e treinamentos corporativos, via *web*, com conteúdos fornecidos pelo cliente ou desenvolvidos pela própria FGV;
- cursos e treinamentos semipresenciais estruturados simultaneamente com metodologias presencial e a distância;
- cursos e treinamentos disponibilizados por videoconferência, *webcasting* e TV via satélite com IP;
- TV corporativa;
- modelagem e gestão de universidades corporativas;
- jogos de negócios via internet;
- material didático multimídia – apostilas, vídeos, CD-ROMs.

Ciente da relevância dos materiais e dos recursos multimídia em cursos a distância, o FGV Online desenvolveu os livros que compõem as Publicações FGV Online – com foco específico em pós-graduação –, com a consciência de que eles ajudarão o leitor – que desejar ou não ingressar em uma nova e enriquecedora experiência de ensino-aprendizagem, a educação a distância (EAD) – a responder, com mais segurança, às mudanças tecnológicas e sociais de nosso tempo, bem como a suas necessidades e expectativas.

Prof. Rubens Mario Alberto Wachholz
Diretor do IDE

Prof. Stavros Panagiotis Xanthopoylos
Vice-diretor do IDE

Publicações FGV Online

Atualmente, a educação a distância (EAD) impõe-nos o desafio de navegar por um mar de tecnologias da informação e da comunicação (TICs) aptas a veicular mensagens em diferentes mídias.

Especificamente no que se refere à produção de conteúdos para EAD, independentemente da mídia a ser utilizada, vale ressaltar a importância de alguns princípios gerais. Um deles é a necessidade de o conteúdo apresentar integralidade, ou seja, estrutura coerente, objetiva e completa, já que, ao contrário da prática presencial, as "entrelinhas" do livro didático ou do arquivo *powerpoint* que subsidia as aulas não poderão ser preenchidas, em tempo real, pelo professor.

A modularidade também é muito importante: materiais modulares são alterados mais facilmente, em função do perfil do público-alvo ou de atualizações de conteúdo. Ademais, a modularidade também é uma importante estratégia para o aumento da escalabilidade da oferta de conteúdos em EAD, visto que a construção de unidades mínimas, autônomas e portáteis de conteúdo – os chamados objetos de aprendizagem (OAs) – favorece a criação de múltiplas combinações, que podem ser compartilhadas por diferentes sistemas de aprendizado.

Outro princípio inclui o planejamento de estratégias para atrair a participação dos estudantes que, em sua maioria, não estão acostumados à disciplina necessária ao autoestudo. Assim, é um erro acreditar que não precisemos investir – e muito – em práticas motivacionais na EAD. Por isso, participação e interação precisam ser estruturadas, por meio de jogos, atividades lúdicas, exemplos que favoreçam o desenvolvimento do pensamento dedutivo... donde a importância da simulação e da variedade para atender a motivações diversas, mantendo, assim, a atenção dos estudantes e diminuindo os índices de evasão na EAD.

Repetição e síntese também são princípios que não devem ser esquecidos. Ao mesmo tempo em que oferecem reforço, compensando distrações no ato de leitura – audição, visualização – dos conteúdos e limitações da memória, favorecem a fixação de informações.

Dentre todos esses princípios, entretanto, talvez o mais importante seja o padrão de linguagem utilizado. O caráter dialógico da linguagem – a interação – é um fator determinante da construção do conhecimento. Desse modo, a linguagem a ser empregada é aquela capaz de destacar a dimensão dialógica do ato comunicativo, e não diminuir a voz do estudante. O tom de conversação, portanto, deve ser preferido ao acadêmico. O uso da 1ª pessoa do discurso, a inserção de relatos, exemplos pessoais, frases e parágrafos curtos, bem como de perguntas constituem algumas das estratégias dos profissionais de criação em EAD para dar à linguagem uma face humana individualizada e reconhecível pelos estudantes.

O desenvolvimento de materiais para EAD baseados na *web* não requer menos cuidados. O mesmo tipo de criatividade presente na elaboração do conteúdo deve estar refletido no *layout* de cada tela/página em que ele estará disponível *on-line*. Legibilidade, acessibilidade e navegabilidade são parâmetros que devem nortear desde a construção do *storyboard* (o desenho inicial) do curso até sua finalização.

Na organização do conteúdo *on-line*, sobretudo, a multiplicidade de recursos à disposição dos profissionais de criação é tão útil como perigosa, demandando excessivo cuidado no uso dos elementos mais aptos a facilitar o aprendizado: imagens fixas e cinéticas (gráficos, esquemas, tabelas, fotos, desenhos, animações, vídeos), *hiperlinks*, textos e sons. Até mesmo os espaços em branco – nas páginas impressas ou *on-line* – representam instantes de silêncio que podem favorecer a reflexão dos estudantes, ou seja, usar tudo e de uma só vez não é sinônimo de eficácia e qualidade.

Por exemplo: não podemos ler e ver, ao mesmo tempo; assim, ou as imagens ilustram os textos ou os textos fornecem legendas para as imagens, o que precisa ser planejado. Por sua vez, *hiperlinks* com sugestões de leituras complementares, comentários, verbetes, endereços para pesquisas em *sites*, etc. precisam constituir uma rede desenhada com critério, capaz de, simultaneamente, facilitar o aprendizado e abrir novos caminhos para o aprofundamento de conteúdos ou criarão um caos por onde, dificilmente, o estudante conseguirá navegar com segurança e eficácia.

Partindo da experiência obtida na construção de materiais didáticos para soluções educacionais a distância, o FGV Online desenvolveu as Publicações FGV Online, que visam oferecer suporte aos estudantes que ingressam nos cursos a distância da instituição e oferecer subsídios para que o leitor possa-se atualizar e aperfeiçoar, por meio de mídia impressa, em diferentes temas das áreas de conhecimento disponíveis nas coleções:

- Direito;
- Economia;
- Educação e comunicação;
- Gestão da produção;
- Gestão de marketing;
- Gestão de pessoas;
- Gestão de projetos;
- Gestão empresarial;
- Gestão esportiva;
- Gestão financeira;
- Gestão hospitalar;
- Gestão pública;
- Gestão socioambiental;
- História e ética.

Portanto, ainda que o estudante, aqui, não tenha acesso a todos os recursos próprios da metodologia utilizada e já explicitada para construção de cursos na *web* – acesso a atividades diversas; jogos didáticos; vídeos e desenhos animados, além de biblioteca virtual com textos complementares de diversos tipos, biografias das pessoas citadas nos textos, *links* para diversos *sites*, entre outros materiais –, encontrará, nos volumes da coleção, todo o conteúdo a partir do qual os cursos do FGV Online são desenvolvidos, adaptado à mídia impressa.

A estrutura de cada volume de todas as coleções das Publicações FGV Online contempla:

- conteúdo dividido em módulos, unidades e, eventualmente, em seções e subseções;
- autoavaliações distribuídas por módulos, compostas por questões objetivas de múltipla escolha e gabarito comentado;
- vocabulário com a explicitação dos principais verbetes relacionados ao tema do volume e utilizados no texto;
- bibliografia comentada, com sugestões de leituras relacionadas ao estado da arte do tema desenvolvido no volume.

Direcionar, hoje, a inventividade de novos recursos para ações efetivamente capazes de favorecer a assimilação de conteúdos, a interação e o saber pensar pode ser, realmente, o desafio maior que nos oferece a produção de materiais não só para a EAD mas também para quaisquer fins educacionais, pois os avanços tecnológicos não param e as mudanças dos novos perfis geracionais também são contínuas.

Para isso, precisamos aprender a viver perigosamente, experimentando o novo... e a inovação provém de quem sabe valorizar as incertezas, superar-se nos erros, saltar barreiras para começar tudo de novo... mesmo a experiência mais antiga, que é educar.

Prof. Stavros Panagiotis Xanthopoylos
Vice-diretor do IDE e
coordenador das Publicações FGV Online – pós-graduação

Profa. Mary Kimiko Guimarães Murashima
Diretora de Soluções Educacionais do IDE e
coordenadora das Publicações FGV Online – pós-graduação

Introdução

O conhecimento sobre *direito imobiliário* está cada vez mais em pauta, em razão, sobretudo, da grande expansão do mercado imobiliário ocorrida nos últimos anos. Novos instrumentos de investimentos imobiliários foram os grandes propulsores do crescimento do setor. O velho e bom investimento em tijolo foi substituído por papéis de emissão das grandes construtoras, o que deu mais agilidade aos negócios imobiliários.

Recentemente, passamos por uma grave crise econômica mundial, que teve como origem a fragilidade do sistema imobiliário americano. Apesar de ter sido o vilão da vez nos Estados Unidos, o mercado imobiliário funciona aqui no Brasil como um forte sustentáculo de nossa economia, sendo um dos primeiros setores a sofrer a intervenção do Estado em momentos de crise.

Por essa razão, as questões imobiliárias permeiam o cotidiano das pessoas, tanto para o cidadão comum, na busca do sonho pela casa própria bem como nos simples contratos de locação de seu apartamento ou de seu ponto comercial, como para o grande investidor, seja adquirindo imóveis, diretamente, para a realização de grandes empreendimentos imobiliários, seja investindo em papéis – fundos de investimentos imobiliários, certificados de recebíveis imobiliários, entre outros.

Dessa forma, *Direito imobiliário* dirige-se a todos os profissionais que atuam no mercado imobiliário, visando proporcionar uma maior compreensão dos institutos e temas tão presentes em nossas vidas.

Este livro tem como objetivo apresentar as principais questões imobiliárias, passando pelos principais institutos jurídicos necessários à compreensão do regime imobiliário brasileiro, possibilitando, assim, aos tantos profissionais do mercado uma atuação consistente e fundamentada juridicamente. Sob esse foco, este livro foi estruturado em quatro módulos.

No módulo I, apresentaremos os principais conceitos necessários à compreensão do direito imobiliário, dando noção sobre o que são bens imóveis e a distinção entre os urbanos e rurais; o que são direitos reais e suas principais características, bem como a importância do direito registral imobiliário dentro de nosso sistema jurídico.

No módulo II, analisaremos três espécies de condomínio, estabelecendo as principais diferenças entre elas, apontando suas principais características. Além disso, mostraremos as principais características das duas formas mais comuns de desenvolvimento de empreendimentos imobiliários – incorporação e loteamento – abordando ainda as questões mais discutidas atualmente em cada uma delas.

No módulo III, analisaremos diferentes formas de investimento no ramo imobiliário sem que, necessariamente, haja a compra direta de imóveis, mas sim de títulos lastreados, isto é, embasados por créditos imobiliários, que é o caso das cédulas de crédito imobiliário e dos certificados de recebíveis imobiliários, ou de cotas de fundos de investimentos dedicados exclusivamente ao desenvolvimento de empreendimentos imobiliários. Analisaremos também as principais garantias constituídas sobre imóveis e que são, normalmente, utilizadas no âmbito das operações de financiamento imobiliário, como é o caso da hipoteca e da alienação fiduciária.

No módulo IV, passaremos à análise das formas pelas quais normalmente são utilizados, a título oneroso, imóveis de terceiros, sejam eles rurais ou urbanos.

As autoras

Módulo I – Introdução ao direito imobiliário

Módulo I – Introdução ao direito imobiliário

Neste módulo, apresentaremos os principais conceitos necessários à compreensão do direito imobiliário, apresentando uma noção sobre o que são bens imóveis e a distinção entre os imóveis urbanos e rurais, o que são direitos reais e suas principais características, bem como a importância do direito registral imobiliário dentro de nosso sistema jurídico.

Bens imóveis

Bem imóvel consiste no solo e em tudo aquilo que lhe é incorporado e acrescido de forma natural, ou seja, por força da natureza, ou artificial, isto é, por força do homem, conforme definição dos arts. 79 a 81 do Código Civil (Lei nº 10.406, de 10 de janeiro de 2002).[1]

Imóvel urbano e rural

Os conceitos de imóvel rural e imóvel urbano bem como sua distinção não são pacíficos no Brasil. A Constituição Federal de 1988,[2] em seus arts. 182 a 191, distingue os imóveis com base, unicamente, em sua localização. O Código Civil também se utiliza desse critério para fazer essa distinção.

Nesse contexto, *imóvel rural* é aquele situado em zona rural do município em que o bem está localizado, de acordo com o respectivo plano diretor e suas alterações sistemáticas. *Imóveis urbanos* são aqueles situados em área urbana ou de expansão urbana, de acordo com o que estabelecer o plano diretor do respectivo município.

O Estatuto da Terra (Lei nº 4.504, de 30 de novembro de 1964)[3] utiliza critérios diversos, estabelecendo a destinação do imóvel como base para sua determinação como rural, considerando como tal aquele que, independentemente de sua localização, destine-se à exploração agrícola.

Esse também é o critério utilizado pela Lei da Reforma Agrária (Lei nº 8.629, de 25 de fevereiro de 1993).[4] A jurisprudência brasileira tem aceitado ainda o critério da destinação do imóvel para definição dos tributos incidentes sobre ele.

A Lei nº 9.393, de 19 de dezembro de 1996,[5] que dispõe sobre o imposto sobre a propriedade territorial rural (ITR), considera rural o

---

[1] BRASIL. Congresso Nacional. Lei nº 10.406, de 10 de janeiro de 2002. *Diário Oficial da União*, Brasília, DF, 11 jan. 2002. Disponível em: <www.planalto.gov.br/ccivil_03/leis/2002/L10406.htm>. Acesso em: 9 set. 2013.

[2] BRASIL. Congresso Nacional. Constituição da República Federativa do Brasil de 1988, de 5 de outubro de 1988. *Diário Oficial da União*, Brasília, DF, 5 out. 1988. Disponível em: <www.planalto.gov.br/ccivil_03/constituicao/constituicao.htm>. Acesso em: 9 set. 2013.

[3] BRASIL. Congresso Nacional. Lei nº 4.504, de 30 de novembro de 1964. *Diário Oficial da União*, Brasília, DF, 31 nov. 1964. Disponível em: <www.planalto.gov.br/ccivil_03/leis/L4504.htm>. Acesso em: 9 set. 2013.

[4] BRASIL. Congresso Nacional. Lei nº 8.629, de 25 de fevereiro de 1993. *Diário Oficial da União*, Brasília, DF, 26 fev. 1993. Disponível em: <www.planalto.gov.br/ccivil_03/leis/L8629.htm>. Acesso em: 9 set. 2013.

[5] BRASIL. Congresso Nacional. Lei nº 9.393, de 19 de dezembro de 1996. *Diário Oficial da União*, Brasília, DF, 20 dez. 1996. Disponível em: <www.planalto.gov.br/ccivil_03/leis/L9393.htm>. Acesso em: 9 set. 2013.

imóvel localizado fora da zona urbana do município em 1º de janeiro de cada ano.

A definição do bem imóvel como rural ou urbano serve à identificação dos tributos (impostos, taxas e contribuições) incidentes e para fins de reforma agrária. Essa definição é igualmente importante para a contagem do prazo de ocupação da área para fins de usucapião, bem como para as regras aplicáveis à locação.

Vejamos parte de ementas do Superior Tribunal de Justiça e do Tribunal de Justiça de Minas Gerais, no que se refere à jurisprudência acerca da definição de imóvel.

AgRg no REsp. 679.173:[6]

> *O critério da localização do imóvel é insuficiente para que se decida sobre a incidência do IPTU ou ITR, sendo necessário observar-se o critério da destinação econômica, conforme já decidiu a Egrégia 2ª Turma, com base em posicionamento do STF sobre a vigência do DL nº 57/66 (AgRg no Ag 498.512/RS, 2ª Turma, Rel. Min. Francisco Peçanha Martins, DJ de 16.5.2005).*

Embargos à execução Fiscal nº 1.0515.06.016181-4/001:[7]

> *TRIBUTÁRIO – EMBARGOS À EXECUÇÃO FISCAL – COBRANÇA DE CRÉDITO TRIBUTÁRIO – IPTU – CRITÉRIO DA DESTINAÇÃO ECONÔMICA – DECRETO-LEI Nº 57/66 – NÃO INCIDÊNCIA. Existindo prova de que o imóvel objeto da tributação é destinado economicamente à atividade rural, deve incidir sobre ele o ITR – Imposto Territorial Rural –, sendo certo que a anulação do lançamento de débito de IPTU sobre o mesmo bem é medida que se impõe, mormente em se considerando a impossibilidade de bitributação.*

---

[6] BRASIL. Superior Tribunal de Justiça. *Agravo Regimental no Recurso Especial nº 679.173*, SC 2004/0099859-6, 1ª Turma, Rel. Min. Denise Arruda, DJ de 18 out. 2007. Disponível em: <www.jusbrasil.com.br/jurisprudencia/9924/agravo-regimental-no-recurso-especial-agrg-no-resp-679173-sc-2004-0099859-6-stj>. Acesso em: 9 set. 2013.

[7] BRASIL. Superior Tribunal de Justiça. *Embargos à execução fiscal nº 1.0515.06.016181-4/001.*

É importante, nesse passo, esclarecer que, caso a prefeitura do município onde o imóvel está localizado passe a cobrar imposto sobre a propriedade territorial urbana (IPTU), a União não poderá mais exigir o ITR, sob pena de bitributação.

Registros

A Lei de Registros Públicos (Lei nº 6.015, de 31 de dezembro de 1973)[8] criou um sistema de registro de imóveis por meio do qual todos os imóveis no Brasil devem ser cadastrados em matrícula própria, no competente Cartório de Registro de Imóveis. Esse registro público é acessível a qualquer pessoa. A matrícula é aberta quando do primeiro registro, a ser feito na vigência da Lei nº 6.015/73.

De acordo com o art. 176 da Lei nº 6.015/73, a abertura de matrícula possui os seguintes requisitos:

- número de ordem – que seguirá ao infinito;
- a data;
- a identificação do imóvel, que será feita com indicação de:
  - se rural, código do imóvel, dados constantes do certificado de cadastro de imóvel rural (CCIR), denominação e características, confrontações, localização e área;
  - se urbano, características e confrontações, localização, área, logradouro, número e designação cadastral, se houver;
- o nome, o domicílio e a nacionalidade do proprietário, além de:
  - tratando-se de pessoa física, estado civil, profissão, número de inscrição no Cadastro de Pessoas Físicas do Ministério da Fazenda ou do Registro Geral da cédula de identidade – ou à falta deste, sua filiação;
  - tratando-se de pessoa jurídica, sede social e número de inscrição no Cadastro Geral de Contribuintes do Ministério da Fazenda;
- número do registro anterior.

---

[8] BRASIL. Congresso Nacional. Lei nº 6.015, de 31 de dezembro de 1973. *Diário Oficial da União*, Brasília, 31 dez. 1973. Disponível em: <www.planalto.gov.br/ccivil_03/leis/L6015original.htm>. Acesso em: 9 set. 2013.

Todas as operações envolvendo determinado imóvel devem ser objeto de registro ou averbação na respectiva matrícula. As operações são enumeradas nos incisos I e II do art. 167 da Lei nº 6.015/73.

Por meio de certidões, emitidas pelo Registro Geral de Imóveis, onde o imóvel está matriculado, de inteiro teor ou de ônus reais, é possível verificar o proprietário do imóvel, a existência de ônus ou gravames e eventuais impedimentos a sua alienação.

Especificidades dos imóveis rurais

As áreas rurais devem ter suas áreas especificadas na matrícula em hectares, o que nem sempre ocorre. Em muitos casos, são encontradas referências a áreas em outras formas de medição, tais como alqueires, tarefas, braçadas.

O registro no Incra é chamado *certificado de cadastro de imóvel rural* (CCIR). Em caso de transferência, a qualquer título, do imóvel rural, é obrigatória a apresentação de CCIR e de prova de quitação do ITR, correspondente aos últimos cinco exercícios.

Lei nº 10.267/2001

Por ser um país de dimensões continentais e com um histórico de pouco rigor na identificação das áreas rurais, a sobreposição de áreas tornou-se fato corriqueiro no Brasil. Há um longo histórico de ocupações ilegais de terras públicas que advêm, especialmente, da falta de uma boa delimitação de bens imóveis rurais.

Com vistas a amenizar tais dificuldades, a Lei nº 10.267, de 28 de agosto de 2001,[9] veio a criar mecanismos legais que têm por objetivo básico promover a identificação de imóveis rurais, a fim de melhor fiscalizá-los e de conferir maior segurança jurídica aos negócios que tenham imóveis rurais como objeto.

---

[9] BRASIL. Congresso Nacional. Lei nº 10.267, de 28 de agosto de 2001. *Diário Oficial da União*, Brasília, DF, 29 ago. 2001. Disponível em: <www.planalto.gov.br/ccivil_03/leis/leis_2001/l10267.htm>. Acesso em: 9 set. 2013.

Além da inscrição no Registro Geral de Imóveis, aplicável a todos os imóveis, os imóveis rurais estão sujeitos ao registro no Instituto Nacional de Colonização e Reforma Agrária (o Incra), criado pelo Estatuto da Terra.

A Lei nº 10.267/2001 estabeleceu, por exemplo, que verificado que terras públicas foram objeto de apropriação indevida por quaisquer meios – inclusive decisões judiciais –, a União, o Estado, o Distrito Federal ou o Município prejudicado, bem como seus respectivos órgãos ou entidades competentes, poderão requerer o cancelamento da matrícula e do registro.

Georreferenciamento

A Lei nº 10.267/2001 criou o georreferenciamento e o Cadastro Nacional de Imóveis Rurais. Georreferenciamento é um memorial descritivo da área rural, assinado por profissional habilitado, contendo as coordenadas dos vértices definidores dos limites dos imóveis rurais, georreferenciadas pelo Sistema Geodésico Brasileiro e com precisão posicional a ser fixada pelo Incra.

Esse memorial descritivo, elaborado de acordo com as normas fixadas pelo Incra, será certificado pelo mesmo órgão, o qual atestará a inexistência de outra área sobreposta ao imóvel rural em questão. Essa certificação deverá ser registrada no Registro de Imóveis competente.

O georreferenciamento será obrigatório para todos os imóveis rurais, observado o atual cronograma fixado pelo Decreto nº 7.620, de 21 de novembro de 2011,[10] que altera o Decreto nº 4.449, de 30 de outubro de 2002,[11] o qual varia de acordo com o tamanho do imóvel. Uma vez decorrido o prazo estabelecido em lei para a realização do georreferenciamento, o registro de qualquer dos seguintes atos, relativamente ao imóvel rural em questão, dependerá da conclusão do georreferenciamento:

---

[10] BRASIL. Congresso Nacional. Decreto nº 7.620, de 21 de novembro de 2011. *Diário Oficial da União*, Brasília, DF, 22 nov. 2011. Disponível em: <www.planalto.gov.br/ccivil_03/_ato2011-2014/2011/decreto/d7620.htm>. Acesso em: 9 set. 2013.

[11] BRASIL. Congresso Nacional. Decreto nº 4.449, de 30 de outubro de 2002. *Diário Oficial da União*, Brasília, DF, 31 out. 2002. Disponível em: <www.planalto.gov.br/ccivil_03/decreto/2002/d4449.htm>. Acesso em: 9 set. 2013.

- desmembramento;
- loteamento;
- remembramento;
- em caso de transferência do bem, a qualquer título.

No caso do desmembramento, uma ou mais partes do imóvel são destacadas do todo, originando novas matrículas para as partes destacadas. O desmembramento dos imóveis rurais deve observar as áreas mínimas fixadas pelo Incra, isto é, a menor área permitida para um imóvel rural, o que varia de cidade para cidade.

Reserva legal

Os imóveis rurais estão sujeitos a outra obrigação legal, de caráter ambiental, que é a instituição de uma área de reserva legal.

Pelo Novo Código Florestal (Lei nº 12.651, de 25 de maio de 2002),[12] a reserva legal é uma área localizada no interior de uma propriedade ou posse rural com a função de assegurar o uso econômico de modo sustentável dos recursos naturais do imóvel rural, auxiliar a conservação e a reabilitação dos processos ecológicos e promover a conservação da biodiversidade, bem como o abrigo e a proteção de fauna silvestre e da flora nativa. Deve representar, no mínimo, 20% da vegetação nativa da propriedade. O percentual total irá variar de acordo com cada região do Brasil, podendo chegar a até 80% na região da Amazônia Legal.

De acordo com a lei, a área de reserva legal deverá ser registrada no órgão ambiental competente por meio de inscrição no Cadastro Ambiental Rural (CAR). Se o CAR ainda não estiver instituído onde a propriedade estiver localizada, a reserva legal deve estar averbada na matrícula do imóvel. O art. 55 do Decreto nº 6.514, de 22 de julho de 2008,[13] com a redação dada pelo Decreto nº 6.686, de 10 de dezembro

---

[12] BRASIL. Congresso Nacional. Lei nº 12.651, de 25 de maio de 2002. *Diário Oficial da União*, Brasília, DF, 28 maio 2012. Disponível em: <www.planalto.gov.br/ccivil_03/_Ato2011-2014/2012/Lei/L12651.htm>. Acesso em: 9 set. 2013.

[13] BRASIL. Congresso Nacional. Decreto nº 6.514, de 22 de julho de 2008. *Diário Oficial da União*, Brasília, DF, 23 jul. 2008. Disponível em: <www.planalto.gov.br/ccivil_03/_ato2007-2010/2008/decreto/D6514.htm>. Acesso em: 9 set. 2013.

de 2008,[14] considera a falta de averbação da reserva legal como infração administrativa, sujeita a uma multa diária. Essa regra vigora desde o dia 11 de junho de 2012. No entanto, cumpre destacar que o Novo Código Florestal dispõe que a inscrição no CAR desobriga o proprietário ou posseiro da averbação da reserva legal na matrícula.

Restrições à alienação

A aquisição de imóveis rurais por estrangeiros (pessoa física residente no Brasil e pessoa jurídica autorizada a funcionar no Brasil) sofre algumas restrições legais, estabelecidas pela Lei nº 5.709, de 7 de outubro de 1971,[15] regulamentada pelo Decreto nº 74.965, de 26 de novembro de 1974.[16] São elas:

- o estrangeiro, pessoa física, deve ser residente no país e estar inscrito no Cadastro de Pessoas Físicas (CPF);
- a soma das áreas rurais pertencentes ou arrendadas a pessoas estrangeiras, físicas ou jurídicas, não poderá ultrapassar 1/4 (um quarto) da superfície dos municípios onde se situem os imóveis (comprovada por certidão do Registro de Imóveis);
- pessoas da mesma nacionalidade não poderão ser proprietárias, em cada município, de mais de 10% (dez por cento) da superfície do referido município, conforme o art. 12 da Lei Federal nº 5.709/71;
- o estrangeiro pessoa física não pode possuir outro imóvel no país;
- as pessoas jurídicas estrangeiras autorizadas a funcionar no país só podem adquirir imóveis rurais para o desenvolvimento de projetos de exploração agrícola, florestal, agropecuário, agroindustrial, turístico ou de colonização vinculado a seu objeto social, e previamente aprovado pelos órgãos públicos competentes.

---

[14] BRASIL. Congresso Nacional. Decreto nº 6.686, de 10 de dezembro de 2008. *Diário Oficial da União*, Brasília, DF, 11 dez. 2008. Disponível em: <www.planalto.gov.br/ccivil_03/_ato2007-2010/2008/decreto/d6686.htm>. Acesso em: 9 set. 2013.

[15] BRASIL. Congresso Nacional. Lei nº 5.709, de 7 de outubro de 1971. *Diário Oficial da União*, Brasília, DF, 11 out. 1971. Disponível em: <www.planalto.gov.br/ccivil_03/leis/L5709.htm>. Acesso em: 9 set. 2013.

[16] BRASIL. Congresso Nacional. Decreto nº 74.965, de 26 de novembro de 1974. *Diário Oficial da União*, Brasília, DF, 27 nov. 1974. Disponível em: <www.planalto.gov.br/ccivil_03/decreto/1970-1979/D74965.htm>. Acesso em: 9 set. 2013.

O art. 23 da Lei nº 8.629/93 estende as mesmas restrições aplicáveis às pessoas físicas e jurídicas estrangeiras, ou a elas equiparadas, também para os casos de arrendamento de imóveis rurais.

Assim, para aquisição ou arrendamento de imóveis rurais com área de até 50 módulos de exploração indefinida (MEI) por pessoas físicas, e até 100 MEI por pessoas jurídicas, será necessária a prévia autorização pelo Incra, sendo que, para áreas superiores a tais limites, será necessária a autorização do Congresso Nacional.

Ressalta-se que a aquisição ou o arrendamento por pessoas físicas estrangeiras de imóvel rural com área de até três MEI não depende de autorização do Incra. Porém, se o imóvel estiver localizado em faixa de fronteira, conforme adiante explicado, será necessária prévia aprovação do Conselho de Segurança Nacional.

O tamanho de cada MEI para cada município brasileiro, definido em hectares, é determinado por ato administrativo do Incra, podendo ser modificado sempre que houver alteração da situação econômica e social da região.

As restrições à alienação são extensivas a brasileiros casados com estrangeiros, mas não se aplicam a estrangeiro que tenha filho brasileiro, ou seja, casado com pessoa brasileira, pelo regime da comunhão universal de bens, nem em casos de transmissão do imóvel a estrangeiro por sucessão (herança), em caso de morte do antigo proprietário.

Recentemente, foi expedida pelo Incra a Instrução Normativa nº 70, de 6 de dezembro de 2011,[17] a qual estabelece os procedimentos e requisitos legais para obtenção da autorização do referido órgão para aquisição e arrendamento de imóvel rural por estrangeiros residentes no Brasil, pessoas jurídicas autorizadas a funcionar no Brasil e empresas brasileiras controladas por estrangeiros.

Empresa brasileira controlada por estrangeiros

A possibilidade de a empresa brasileira controlada por estrangeiros adquirir imóvel rural no país é muito discutida. Essa possibilidade foi objeto de recente parecer elaborado pela Advocacia-Geral da

---

[17] INCRA. *Instrução Normativa nº 70, de 6 de dezembro de 2011*. Disponível em: <www.incra.gov.br/index.php/estrutura-fundiaria/regularizacao-fundiaria/aquisicaode-terras-por-estrangeiros/file/1113-instrucao-normativa-n-70-06122011>. Acesso em: 9 set. 2013.

União (AGU) – Parecer CGU/AGU nº 01/2008-RVJ[18] – e de orientações do Conselho Nacional de Justiça. Isso porque, até agosto de 2010, entendia-se, com base no Parecer AGU nº GQ-22/1994[19] e no Parecer AGR nº GQ 181/1998,[20] que o parágrafo 1º do art. 1º da Lei nº 5.709/71 não teria sido recepcionado pela Constituição Federal de 1988, em especial após a Emenda Constitucional nº 6,[21] que revogou o art. 171 da citada Constituição.

O mencionado parágrafo 1º do art. 1º da Lei nº 5.709/71 estende as mesmas restrições impostas aos estrangeiros às empresas brasileiras da qual participem, a qualquer título, pessoas físicas ou jurídicas que tenham a maioria de seu capital social e residam ou tenham sede no exterior.

Contudo, o CGU/AGU nº 01/2008-RVJ, aprovado pelo Advogado Geral da União e pelo Presidente da República, trouxe nova interpretação desse tema e entendeu pela recepção do dispositivo legal em tela.

Desse modo, desde 23 de agosto de 2010 – data da publicação do Parecer CGU/AGU nº 01/2008-RVJ –, os órgãos da Administração Pública Federal passaram a ser obrigados a aplicar as restrições previstas no parágrafo 1º do art. 1º da Lei nº 5.709/71, limitando, portanto, a aquisição e o arrendamento de imóveis rurais por empresas brasileiras com capital estrangeiro.

Vale esclarecer que, além de mudar de posição, a AGU também ampliou a interpretação do que seria considerada "participação a qualquer título" de estrangeiros (pessoa física ou jurídica) em pessoas jurídicas brasileiras.

Em seu novo parecer, a AGU defende a posição da aplicação das restrições da Lei Federal nº 5.709/71 nas aquisições e arrendamentos realizados por empresas brasileiras que sejam controladas, direta ou indiretamente, por estrangeiros.

---

[18] BRASIL. Advocacia-Geral da União. Parecer AGU nº 01/2008. *Diário Oficial da União*, 23 ago. 2010. Disponível em: <www.jusbrasil.com.br/diarios/8033621/dou-secao-1-23-08-2010-pg-1>. Acesso em: 9 set. 2013.

[19] BRASIL. Advocacia-Geral da União. Parecer AGU nº GQ-22/1994. Disponível em: <www.agu.gov.br/sistemas/site/PaginasInternas/Download/publicacoes/Caderno2.pdf>. Acesso em: 9 set. 2013.

[20] BRASIL. Advocacia-Geral da União. Parecer AGR nº GQ 181/1998. *Diário Oficial da União*, 22 jan. 1999. Disponível em: <www.jusbrasil.com/diarios/970664/pg-39-secao-1-diario-oficial-da-uniao-dou-de-22-01-1999>. Acesso em: 9 set. 2013.

[21] BRASIL. Congresso Nacional. Emenda Constitucional nº 6 de 15 de agosto de 1995. *Diário Oficial da União*, Brasília, DF, 16 ago. 1995. Disponível em: <www.planalto.gov.br/ccivil_03/constituicao/Emendas/Emc/emc06.htm>. Acesso em: 9 set. 2013.

Nesse contexto, em sua nova interpretação, a AGU utiliza-se da definição de controle acionário definido pelo art. 116 da Lei de Sociedades Anônimas (Lei nº 6.404, de 15 de dezembro de 1976),[22] dando a impressão de que, ainda que o acionista não seja titular da maioria do capital social de uma empresa, mas exerça efetivo controle sobre a empresa, a mesma estaria sujeita às limitações impostas pela Lei Federal nº 5.709/71.

É importante ressaltar que referida interpretação trazida pela AGU em 2010 ainda tem causado muitas discussões e grande insegurança, não existindo, por enquanto, precedentes jurisprudenciais que pacifiquem seu efetivo alcance, inclusive no que se refere às empresas brasileiras indiretamente controladas por estrangeiros. A matéria continua sujeita a questionamento judicial por qualquer prejudicado.

Diante da relevância da questão, tramitam, atualmente, no Congresso Nacional, alguns projetos de lei que, de uma forma ou de outra, visam equacionar essa temática.

Por fim, vale esclarecer que, no caso de imóvel rural situado em faixa de fronteira – que é aquela faixa interna de 150 km de largura, paralela à linha divisória terrestre do território nacional –, as restrições impostas pela Lei nº 6.634, de 2 de maio de 1979,[23] regulamentada pelo Decreto nº 85.064, de 26 de agosto de 1980,[24] não se aplicam apenas à aquisição e ao arrendamento de imóveis rurais por estrangeiros ou pessoas jurídicas brasileiras das quais participem, a qualquer título, estrangeiros, mas também à qualquer transação com imóvel rural que impliquem a obtenção, por estrangeiro, do domínio, da posse ou de qualquer direito real sobre o mesmo, o que dependerá sempre da prévia autorização do Conselho de Segurança Nacional (atual denominação do Conselho de Defesa Nacional).

---

[22] BRASIL. Congresso Nacional. Lei nº 6.404, de 15 de dezembro de 1976. *Diário Oficial da União*, Brasília, DF, 17 dez. 1976. Disponível em: <www.planalto.gov.br/ccivil_03/leis/l6404consol.htm>. Acesso em: 9 set. 2013.

[23] BRASIL. Congresso Nacional. Lei nº 6.634, de 2 de maio de 1979. *Diário Oficial da União*, Brasília, DF, 3 maio 1979. Disponível em: <www.planalto.gov.br/ccivil_03/leis/L6634.htm>. Acesso em: 9 set. 2013.

[24] BRASIL. Congresso Nacional. Decreto nº 85.064, de 26 de agosto de 1980. *Diário Oficial da União*, Brasília, DF, 27 ago. 1980. Disponível em: <www.planalto.gov.br/ccivil_03/decreto/Antigos/D85064.htm>. Acesso em: 9 set. 2013.

Teoria geral dos direitos reais

Apropriação

Desde os primórdios, o homem procura satisfazer suas necessidades a partir da apropriação de coisas encontradas na natureza. Contudo, a apropriação só se torna objeto de estudo quando tem por objeto coisas úteis e escassas.

Como bem preceitua Sílvio Rodrigues,[25] bens abundantes como o ar ou a água, embora sejam extremamente úteis, não se mostram capazes de instigar no homem o desejo de apropriação. A afirmação do estudioso ainda é válida, guardada a condição de que, apesar de o ar e a água serem elementos abundantes, temos que a água potável e, possivelmente, o ar limpo podem se tornar escassos futuramente, atribuindo-lhes as características de bens, logo passíveis de apropriação.

Patrimônios e direitos

Já se distinguiam os direitos reais dos pessoais no direito romano, e desde então, até o direito moderno, essa separação é feita sem muitas alterações aos conceitos primitivos.

O patrimônio de certo indivíduo é a conjugação de bens (materiais e imateriais) e direitos (pessoais e reais), tanto de caráter passivo como ativo.

Os direitos pessoais, também chamados *obrigacionais*, são definidos como "uma faculdade, uma relação transitória entre um credor e um devedor, que tem por objeto a prestação devida por este àquele – que pode ser uma obrigação de dar, de fazer ou mesmo de não fazer alguma coisa".[26] Comumente, têm por objeto o crédito como direito imaterial de uma parte em relação à outra.

Os direitos reais são "faculdades que pertencem a uma pessoa, com exclusão de qualquer outra, incidente indiretamente sobre uma coisa determinada, oponível *erga onmes*, isto é, perante todos".[27] São exemplos de direitos reais o direito de propriedade, o direito de servidão, entre outros.

---

[25] RODRIGUES, Sílvio. *Direito civil*: direito das coisas. São Paulo: Saraiva, 2002. v. 5.
[26] VENOSA, Sílvio de Salvo. *Direito civil*: parte geral. São Paulo: Saraiva, 2002. p. 324-325.
[27] Ibid., p. 324-325.

Enquanto o direito pessoal é uma relação entre dois indivíduos, o direito real traduz-se em uma relação entre uma coisa e um indivíduo. O direito real dá ao indivíduo uma série de prerrogativas sobre a coisa que, inclusive, podem ser plenamente oponíveis a terceiros.

Características dos direitos reais

Em decorrência do liame jurídico exclusivo entre uma coisa e um indivíduo, é possível identificar certas características que auxiliam na delineação dos direitos reais.

No sistema jurídico brasileiro atual, os direitos reais prevalecem contra todos os demais indivíduos e outorgam a seu titular o direito de sequela (direito de perseguir a coisa com quem quer que ela esteja) e a ação real (ação utilizada para proteger ou assegurar o direito de propriedade, bem como os demais direitos dele decorrentes). Além disso, por terem seu exercício desvinculado da atuação de outros indivíduos, os direitos reais estão limitados àqueles tipos expressamente previstos em lei. Essa previsão expressa é chamada de *taxatividade* ou *numerus clausus* – do latim, número fechado.

Relação taxativa ou *numerus clausus*

Embora incorporados ao direito privado (em que prevalece a máxima na qual tudo o que não está proibido é permitido), os direitos reais, em decorrência de sua oponibilidade *erga omnes* (isto é, a todos os indivíduos) possuem maior rigor em sua constituição. Nesse sentido, a lei, necessariamente, enumera, de forma exaustiva, todos os direitos reais existentes no sistema jurídico pátrio.

O principal rol dos direitos reais encontra-se no art. 1.225 do Código Civil, com alteração dada pela Lei nº 11.481, de 31 de maio de 2007.[28] Nele são arrolados, como direitos reais:

---

[28] BRASIL. Congresso Nacional. Lei nº 11.481, de 31 de maio de 2007. *Diário Oficial da União*, Brasília, DF, 31 maio 2007. Disponível em: <www.planalto.gov.br/ccivil_03/_ato2007-2010/2007/Lei/L11481.htm>. Acesso em: 9 set. 2013.

- propriedade – é o mais típico dos direitos reais. Pode ser traduzido como o poder pleno, absoluto, exclusivo e perpétuo sobre determinada coisa;
- superfície – direito real sobre imóvel pelo qual se opera a suspensão do princípio da acessão – ou seja, separa-se a propriedade de tudo aquilo que acede ao solo da propriedade do próprio solo. Ao se instituir o direito de superfície, as construções ou plantações passam a pertencer ao superficiário – titular do direito de superfície – e o solo permanece com o titular do imóvel.

O direito de superfície encontra-se regulado, de forma genérica, nos arts. 1.369 a 1.377 do Código Civil e, especialmente, nos arts. 21 e seguintes do Estatuto da Cidade (Lei nº 10.257, de 10 de julho de 2001):[29]

- servidões – direito real constituído sobre um imóvel (imóvel serviente) em favor de outro imóvel (imóvel dominante). Por meio da servidão, os titulares do imóvel dominante poderão utilizar a área do imóvel serviente gravado com a servidão. Normalmente, constitui-se servidão para passagem de pessoas e animais, dutos, linhas de transmissão de energia elétrica, acesso a fontes d'água ou vias públicas. Está regulado nos arts. 1.378 a 1.389 do Código Civil;
- usufruto – direito conferido a outrem (usufrutuário) de usar, gozar e fruir da coisa livremente, remanescendo o proprietário (nu-proprietário) apenas com o poder de disposição da coisa. O direito de usufruto está regulado nos arts. 1.390 a 1.411 do Código Civil;
- uso – direito conferido a outrem de usar (de forma temporária, de acordo com suas necessidades e de sua família) coisa alheia. Está regulado nos arts. 1.412 e 1.413 do Código Civil;
- habitação – direito conferido a outrem de usar coisa alheia exclusivamente para fins de habitação, conforme regulado pelos arts. 1.414 a 1.416 do Código Civil;
- direito do promitente comprador do imóvel – direito real decorrente da promessa de compra e venda registrada perante o Registro de Imóveis, de acordo com os termos dos arts. 1.417 e 1.418 do Código Civil;

---

[29] BRASIL. Congresso Nacional. Lei nº 10.257, de 10 de julho de 2001. *Diário Oficial da União*, Brasília, DF, 11 jul. 2001. Disponível em: <www.planalto.gov.br/ccivil_03/leis/LEIS_2001/L10257.htm>. Acesso em: 9 set. 2013.

- penhor – direito real de garantia constituído sobre bens móveis, regulado pelos arts. 1.431 a 1.472 do Código Civil;
- hipoteca – direito real de garantia constituído sobre bens imóveis, regulado pelos arts. 1.473 a 1.505 do Código Civil;
- anticrese – direito real de garantia, que tem por objeto os frutos e rendimentos de um bem imóvel. É regulado pelos arts. 1.506 a 1.510 do Código Civil;
- concessão de uso especial para fins de moradia – concessão para moradia de área ou imóvel público de até 250 m², habitado por cinco anos, ininterruptamente e sem oposição, desde que quem habite não seja proprietário de outro imóvel. É regulada pela Medida Provisória nº 2.220, de 4 de setembro de 2001;[30]
- concessão de direito real de uso – transferência de imóvel público para particular, de forma resolúvel, para que dele se utilize em fins específicos de urbanização, industrialização, edificação, cultivo ou qualquer outra exploração de interesse social. Encontra-se regulada pelo Decreto-Lei nº 271, de 28 de fevereiro de 1967.[31]

Os direitos reais não se restringem ao rol apresentado. Há muitas outras normas legais que criaram direitos reais. Como exemplo, citamos a Lei nº 9.514, de 20 de novembro de 1997,[32] que criou a alienação fiduciária em garantia sobre bem imóvel, que se trata de um direito real de garantia, em adição ao rol do referido art. 1.225 do Código Civil.

Caráter *erga omnes*

O titular de um direito real tem a prerrogativa de exercer seu direito sobre a coisa, devendo todos os demais respeitar tal prerrogativa. Dessa forma, os sujeitos passivos de um direito real são todos os demais indivíduos além do próprio titular.

---

[30] BRASIL. Congresso Nacional. Medida Provisória nº 2.220, de 4 de setembro de 2001. *Diário Oficial da União*, Brasília, DF, 5 set. 2001. Disponível em: <www.planalto.gov.br/ccivil_03/MPV/2220.htm>. Acesso em: 9 set. 2013.
[31] BRASIL. Congresso Nacional. Decreto-Lei nº 271, de 28 de fevereiro de 1967. *Diário Oficial da União*, Brasília, DF, 28 fev. 1967. Disponível em: <www.planalto.gov.br/ccivil_03/decreto-lei/del0271.htm>. Acesso em: 9 set. 2013.
[32] BRASIL. Congresso Nacional. Lei nº 9.514, de 20 de novembro de 1997. *Diário Oficial da União*, Brasília, DF, 21 nov. 1997. Disponível em: <www.planalto.gov.br/ccivil_03/leis/L9514.htm>. Acesso em: 9 set. 2013.

O preceito objetiva que ninguém possa perturbar o exercício, por exemplo, do direito de propriedade, que é o direito real por excelência. Por isso, a lei torna necessária a publicidade do direito, por meio do registro dos atos que importem na constituição, modificação ou transferência de direitos reais sobre imóveis, perante as respectivas matrículas no Cartório de Registro de Imóveis competente. Dessa forma, ninguém poderá alegar desconhecimento de um direito real e, portanto, deverá respeitá-lo.

Direito de sequela

A sequela é prevista no art. 1.228 do Código Civil,[33] que assim dispõe: "O proprietário tem a faculdade de usar, gozar e dispor da coisa, e o direito de reavê-la do poder de quem quer que injustamente a possua ou detenha".

Direito de sequela é aquele que tem o titular de direito real de seguir a coisa em poder de quem quer que com ele esteja. Desse modo, "o direito real adere à coisa como a lepra ao corpo (*uti lepra cuti*)"[34] – não importando qualquer usurpação que venha a ocorrer.

A defesa do direito real que tenha sido violado ou que esteja prestes a ser violado é feita pelo manuseio de medidas judiciais ou extrajudiciais prescritas em lei. Trata-se das ações reais.

As ações reais servem à defesa da posse, propriedade ou de outro direito sobre a coisa e sempre buscam a reintegração do direito (posse, propriedade, etc.) violado. Além disso, são comumente propostas contra aquele que infringir o dever jurídico de respeitar o direito real alheio e, tendo em vista a perpetuidade dos direitos reais, têm ainda uma característica que não é comum a qualquer ação judicial: podem ser propostas sempre que forem necessárias, inclusive contra o mesmo violador, para defesa do direito real.

---

[33] BRASIL. Congresso Nacional. Lei nº 10.406, de 11 de janeiro de 2002. *Diário Oficial da União*, Brasília, DF, 10 jan. 2002. Disponível em: <www.planalto.gov.br/ccivil_03/leis/2002/L10406.htm>. Acesso em: 9 set. 2013.

[34] GOMES, Orlando. *Direitos reais*. 19. ed. Atualizada por Luiz Edson Fachin. Rio de Janeiro: Forense, 2007.

Preferência

A preferência é a prevalência do direito real sobre o direito pessoal de outrem. Ela se aplica aos direitos de crédito detidos pelos credores reais.

Os credores reais – isto é, aqueles que têm seus créditos garantidos por direitos reais – são considerados privilegiados em relação a outros credores no momento em que um bem dado em garantia é disputado na justiça por mais de um credor.

Os recursos auferidos na execução de uma determinada garantia sobre um bem são primeiramente utilizados para satisfazer os credores reais. Se houver sobra de recursos, os demais credores poderão satisfazer-se.

Uma vez constituído o direito real de garantia sobre certa coisa, esse direito de garantia fica ligado à coisa, acompanhando-a mesmo que ela mude de dono, ou seja, independentemente de quem a possua ou a tenha sob seu domínio.

Um exemplo de preferência é o caso de João, que constitui uma hipoteca sobre seu imóvel a fim de garantir uma dívida perante seu credor, o Banco Tio Patinhas. Tendo em vista que a hipoteca é um direito real, será necessário, para sua constituição, seu registro na matrícula do imóvel perante o Cartório do Registro de Imóveis competente. Se João vier a vender o imóvel, posteriormente, a José, este irá adquirir o imóvel gravado com a hipoteca que é preexistente. Dessa forma, se o Banco Tio Patinhas cobrar a dívida de João e executar a hipoteca, José poderá perder a propriedade do imóvel que será levado a leilão judicial, já que, nesse caso, a hipoteca prefere à venda efetuada a José.

Classificação dos direitos reais

Os direitos reais podem ser classificados em:

- direito real sobre coisa própria;
- direito real sobre coisa alheia;
- direito real de aquisição.

Direito real sobre coisa própria

Na classificação de direito real sobre coisa própria, está incluído o direito de propriedade, que é o direito real por excelência, isto é, aquele que permite a seu titular aproveitar todas as utilidades que a coisa lhe confere. Segundo Farias e Rosenvald:[35]

> [...] a propriedade é a manifestação primária e fundamental dos direitos reais, detendo um caráter complexo em que os atributos de uso, gozo, disposição e reivindicação reúnem-se. Em contrapartida, os direitos reais em coisa alheia somente se manifestam quando do desdobramento eventual das faculdades contidas no domínio.

Direito real sobre a coisa alheia

O direito real sobre coisa alheia encontra-se entre os direitos reais limitados, que não conferem a seu titular todos os poderes inerentes à propriedade – como usar, gozar, fruir e dispor –, mas apenas alguns deles. Desse modo, o proprietário de um imóvel pode conferir a uma outra pessoa um direito real sobre seu imóvel, sem perder sua propriedade, apenas restringindo-a.

Quadro 1
EXEMPLOS DE DIREITOS REAIS SOBRE COISA ALHEIA

Usufruto	Pelo usufruto, o proprietário confere a outrem o direito de usar, gozar e fruir de seu bem, mantendo, porém, o direito de livre disposição da propriedade. Nesse caso, a propriedade receberá o nome de nua-propriedade.

continua

---

[35] FARIAS, C. C.; ROSENVALD, N. *Direitos reais*. Rio de Janeiro: Lumen Juris, 2006.

Direitos reais de garantia	Direitos reais de garantia são fixados em benefício de uma pessoa que não é proprietária do bem, em garantia do cumprimento de uma obrigação – por exemplo, pagamento de uma dívida. Os direitos reais de garantia sobre imóveis são a hipoteca e a alienação fiduciária em garantia. A primeira está regulada no Código Civil (arts. 1.473 a 1.505) e a última está prevista na Lei nº 9.514/97.
Outros direitos	Também são exemplos o direito de servidão, a habitação, o usufruto e a superfície.

Direito real de aquisição

O Código Civil de 2002 introduziu o direito do promitente comprador como direito real de aquisição aplicável a todo e qualquer imóvel.

O direito real de aquisição é aquele conferido ao promissário comprador de um imóvel, o qual, uma vez pago o preço, poderá requerer em juízo, no caso de recusa do vendedor, a transferência da propriedade para si – por meio de ação judicial chamada de adjudicação compulsória, na forma dos arts. 1.417 e 1.418 do Código Civil.

Para que o promitente comprador adquira o direito real à aquisição do imóvel, beneficiando-se de todos os atributos típicos dos direitos reais, faz-se necessário que a promessa de compra e venda seja celebrada em caráter irrevogável e irretratável – ou seja, sem cláusula de arrependimento – e seja registrada na matrícula do imóvel, perante o Cartório do Registro de Imóveis competente.

Muito se discute sobre a necessidade ou não do registro da promessa de compra e venda no Registro de Imóveis para garantir ao adquirente o direito de requerer a adjudicação compulsória do bem, conforme veremos a seguir.

De fato, o registro da promessa de compra e venda no Registro de Imóveis é essencial apenas para a constituição do direito real do promitente comprador, já que os direitos reais sobre imóveis só se adquirem com o respectivo registro do título, conforme estabelece o art. 1.227 do Código Civil.

Posse e propriedade

Conceitos iniciais

Desde muito tempo, os conceitos de posse e de propriedade sempre fizeram parte de nosso cotidiano, sendo concebidos, muitas vezes, como algo único e indissociável.

O *ter* sempre esteve presente em nossa sociedade e, como um de seus pilares, sempre mereceu total atenção e proteção de nosso sistema jurídico.

Quem já não usou a frase "Esse bem é meu e faço dele o que eu bem entender!". É a partir dessa ideia – totalmente arraigada em nossa cultura – que tentaremos explicar a distinção entre a *posse* e a *propriedade* dos bens imóveis em nosso sistema jurídico, explicitando suas diferenças e seus pontos de convergência, para, enfim, verificar se essa máxima ainda continua absoluta.

Posse

O estudo do instituto da posse é um dos temas mais conturbados no mundo jurídico desde o direito romano. Diversas foram as teorias que buscaram reconhecer a posse como mero fato jurídico ou propriamente como um direito.

Certo consenso doutrinário ainda se mantém ao considerar a posse como a exteriorização do direito de propriedade. É assim que a posse está regulada em nosso sistema jurídico.

Da mesma forma como ocorre com a propriedade, nosso legislador também não conceituou a posse. O legislador apenas destacou o conteúdo da posse como o exercício, pleno ou não, de algum dos poderes proprietários. Segundo o art. 1.196 do Código Civil,[36] "considera-se possuidor todo aquele que tem de fato o exercício, pleno ou não, de algum dos poderes inerentes à propriedade".

Podemos entender como posse um poder de fato sobre um bem – uso, gozo e fruição –, em razão de uma relação de:

---

[36] BRASIL. Congresso Nacional. Lei nº 10.406, de 10 de janeiro de 2002. *Diário Oficial da União*, Brasília, DF, 11 jan. 2002. Disponível em: <www.planalto.gov.br/ccivil_03/leis/2002/L10406.htm>. Acesso em: 9 set. 2013.

- direito real – quando o proprietário de um determinado bem é também seu possuidor;
- direito pessoal – que é o caso dos locatários, que possuem um bem de propriedade do locador.

Usar, gozar e fruir da coisa são os atributos inerentes à utilização da coisa da forma mais ampla possível, seja diretamente (por exemplo, morar em um imóvel) seja por meio de terceiros (por exemplo, alugar o imóvel para alguém, obtendo os frutos da coisa).

A posse sobre um bem também pode acontecer mesmo sem que haja qualquer vínculo jurídico com seu legítimo proprietário, como é o caso da posse de imóveis sem justo título.

Justo título é aquele que, muito embora não seja hábil para transferir a propriedade ou garantir a posse, é suficiente para demonstrar que o sujeito acreditava que a coisa era sua ou que a ocupava de forma legítima.

Efeitos da posse

Sem prejuízo da natureza jurídica que se pretende dar à posse – se é um direito, real ou pessoal, ou se é um fato jurídico – nossa lei protege o possuidor, garantindo-lhe o direito de ser mantido na posse, de reavê-la ou de impedir sua violação em caso de ameaça iminente. Esses são os principais efeitos da posse.

A posse confere ao possuidor o direito às ações possessórias de manutenção na posse, reintegração de posse e interdito proibitório, conforme previstas no art. 1.210 do Código Civil. Muitos outros são os efeitos da posse, especialmente os direitos conferidos ao possuidor no que se refere aos frutos e às benfeitorias – explicitados nos arts. 1.210 a 1.222 do Código Civil.

A posse não é passível de qualquer registro perante nosso sistema jurídico. Por isso, não é possível conferir à posse os efeitos da oponibilidade *erga omnes* (isto é, opor a posse contra todos) e da sequela (ou seja, direito de perseguir a coisa com quem quer que ela esteja), próprios dos direitos reais.

Aquisição e transmissão

Diferentemente do que ocorre com a propriedade, a lei não exige qualquer formalidade para aquisição e transmissão da posse.

A posse é adquirida desde o momento em que se pode exercer, em nome próprio, qualquer dos poderes inerentes à propriedade (art. 1.204 do Código Civil) e pode ser transmitida a terceiros com as mesmas características com que foi adquirida.

Desdobramento da posse

De acordo com o art. 1.197 do Código Civil, há a possibilidade de desdobramento da posse. O titular da posse pode transferir, temporariamente, para outrem o poder de fato sobre o bem (a posse direta), reservando para si a posse jurídica sobre o bem (a posse indireta).

Esse processo ocorre quando o usufrutuário de um imóvel – titular de um direito real de usufruto sobre um bem imóvel, podendo usar e fruir livremente da coisa – aluga-o a um terceiro. No caso, o locatário terá a posse direta e o usufrutuário permanecerá com a posse indireta.

Tipos de posse

Múltiplos são os tipos de posse, variando de acordo com os aspectos subjetivos (posse de boa-fé ou má-fé) ou objetivos (justo título).

A posse será caracterizada pela intenção de dono de seu possuidor (*posse ad usucapionem*), que produzirá o principal efeito da posse. O principal efeito da posse é o de conferir a seu titular o direito ao usucapião, meio pelo qual será adquirida a propriedade do imóvel.

Propriedade

O Código Civil de 1916,[37] inspirado pelo ideário liberal do século XIX, colocava a propriedade privada como núcleo de nosso ordenamento jurídico, ao lado do contrato e da família. Desse modo, o Código Civil de 1916 garantia ao proprietário, em seu art. 524, o direito de usar, gozar e dispor de seus bens, da forma mais absoluta possível.

O art. 524 garantia também o direito de reaver os bens do poder de quem quer que, injustamente, os possuísse. A concepção individualista marca o conceito tradicional de propriedade como garantia na liberdade individual, promotora do desenvolvimento da sociedade moderna.

O Código Civil de 1916, no entanto, não definiu o que vem a ser propriedade. Apenas explicitou os poderes inerentes ao proprietário, indicando a face interna (o direito de usar, fruir e livremente dispor da coisa) e a face externa (exclusão do direito de quem quer que seja, conferindo ao proprietário a tutela de seu domínio) da estrutura do direito de propriedade, sem qualquer alusão a sua função.

Apesar de se admitirem algumas limitações ao direito de propriedade (como as limitações administrativas e os direitos de vizinhança), essas limitações não poderiam ser de forma tal a anular a total liberdade do proprietário.

A Constituição Federal de 1988 (conhecida como Constituição-Cidadã), teve uma participação fundamental na formação da atual concepção do direito de propriedade (refletida, posteriormente, pelo Código Civil de 2002).

O grande mérito da Constituição de 1988 foi estabelecer não só a propriedade privada, mas o atendimento a sua função social, como direito e garantia fundamentais (art. 5º, XXII e XXIII). A Constituição manteve ainda a função social da propriedade como princípio norteador das políticas econômicas (art. 170, III), urbanas (art. 182) e agrárias (arts. 184, 185 e 186).

---

[37] BRASIL. Congresso Nacional. Lei nº 3.071, de 1º de janeiro de 1916. *Diário Oficial da União*, Rio de Janeiro, RJ, 5 jan. 1916. Disponível em: <www.planalto.gov.br/ccivil_03/leis/L3071.htm>. Acesso em: 9 set. 2013.

Direito de propriedade

O art. 5º da Constituição de 1988 determina que todos são iguais perante a lei, sem distinção de qualquer natureza, garantindo-se aos brasileiros e aos estrangeiros residentes no país a inviolabilidade do direito à vida, à liberdade, à igualdade, à segurança e à propriedade.

O art. 5º elenca, em seus 78 incisos, o rol de direitos individuais e coletivos tutelados.

O inc. XXII do art. 5º determina que é garantido o direito de propriedade e o inc. XXIII garante também que a propriedade atenderá a sua função social.

Função social da propriedade

Em que consistiria a função social da propriedade conforme os ditames da Constituição de 1988? O conteúdo da função social da propriedade encontra-se no próprio texto constitucional, que consagrou, em seus arts. 1º e 3º,[38] os seguintes fundamentos e objetivos da República:

> *Art. 1º A República Federativa do Brasil, formada pela união indissolúvel dos Estados e Municípios e do Distrito Federal, constitui-se em Estado Democrático de Direito e tem como fundamentos:*
>
> *I - a soberania;*
> *II - a cidadania;*
> *III - a dignidade da pessoa humana;*
> *IV - os valores sociais do trabalho e da livre iniciativa;*
> *V - o pluralismo político.*
>
> *[...]*
>
> *continua*

---

[38] BRASIL. Congresso Nacional. Constituição da República Federativa do Brasil de 1988, de 5 de outubro de 1988. *Diário Oficial da União*, Brasília, DF, 5 out. 1988. Disponível em: <www.planalto.gov.br/ccivil_03/constituicao/constituicao.htm>. Acesso em: 9 set. 2013.

> *Art. 3º Constituem objetivos fundamentais da República Federativa do Brasil:*
>
> *I - construir uma sociedade livre, justa e solidária;*
> *II - garantir o desenvolvimento nacional;*
> *III - erradicar a pobreza e a marginalização e reduzir as desigualdades sociais e regionais;*
> *IV - promover o bem de todos, sem preconceitos de origem, raça, sexo, cor, idade e quaisquer outras formas de discriminação.*

Esses são os interesses sociais a serem almejados e perseguidos, por toda a coletividade, no cumprimento da função social da propriedade, servindo como uma bússola para orientar todos os destinatários da norma constitucional – o proprietário, terceiros não proprietários, o legislador e o juiz.

A função social da propriedade, constitucionalmente garantida, seria aquela promovedora da dignidade da pessoa humana, a fim de atingir os objetivos fundamentais da erradicação da pobreza e da redução das desigualdades sociais.

Esse é o entendimento que deve nortear a compreensão das regras contidas nos arts. 182 e 186 da Constituição de 1988, que dispõem, respectivamente, sobre a função social das propriedades urbanas e rurais.

Propriedades urbanas

O parágrafo 2º do art. 182 determina que a propriedade urbana cumpre sua função social quando atende às exigências fundamentais de ordenação da cidade expressas no plano diretor. A regulamentação posterior sobre a função social da propriedade urbana deu-se com a Lei nº 10.257/2001, criando o Estatuto da Cidade.

Por sua vez, o parágrafo 4º do art. 182[39] estabelece as penalidades para a propriedade urbana que não atenda a sua função social:

> *§4º É facultado ao Poder Público municipal, mediante lei específica para área incluída no plano diretor, exigir, nos termos da lei federal, do proprietário do solo urbano não edificado, subutilizado ou não utilizado, que promova seu adequado aproveitamento, sob pena, sucessivamente, de:*
>
> *I - parcelamento ou edificação compulsórios;*
> *II - imposto sobre a propriedade predial e territorial urbana progressivo no tempo;*
> *III - desapropriação com pagamento mediante títulos da dívida pública de emissão previamente aprovada pelo Senado Federal, com prazo de resgate de até dez anos, em parcelas anuais, iguais e sucessivas, assegurados o valor real da indenização e os juros legais.*

Desse modo, o constituinte estabeleceu a função social da propriedade como um princípio constitucional, no rol dos direitos fundamentais do art. 5º, aplicável a todo e qualquer tipo de propriedade – bens de consumo, bens de produção, propriedade imobiliária, propriedade intelectual, entre outras –, caracterizando-se, portanto, como uma cláusula geral.[40] Além disso, especificamente com relação aos imóveis urbanos, determinou os requisitos essenciais ao cumprimento de sua função social, delegando ao Poder Público Municipal o poder de detalhamento de tais requisitos, de acordo com as peculiaridades de cada cidade.

A Constituição de 1988, ao determinar o cumprimento da função social das cidades, estabeleceu também as penalidades que poderão ser aplicadas pelos municípios – de acordo com o que vier a ser estabelecido no

---

[39] BRASIL. Congresso Nacional. Constituição da República Federativa do Brasil de 1988. *Diário Oficial da União*, Brasília, DF, 5 out. 1988. Disponível em: <www.planalto.gov.br/ccivil_03/constituicao/constituicao.htm>. Acesso em: 9 set. 2013.

[40] "Isto é, uma técnica de legislar, pela qual a norma é redigida de forma intencionalmente lacunosa e vaga, com grande abertura semântica. Por sua generalidade e imprecisão, faculta ao magistrado uma interpretação que se ajuste ao influxo contínuo dos valores sociais, promovendo-se uma constante atualização no sentido da norma" (FARIAS, C. C.; ROSENVALD, N. *Direitos reais*. Rio de Janeiro: Lumen Juris, 2006. p. 210).

plano diretor – às propriedades urbanas que não atendam a sua função social. Essas penalidades culminam com a perda da propriedade, por meio da chamada *desapropriação-sanção*. Tal modalidade de desapropriação é assim chamada por ser considerada, de fato, uma sanção ao proprietário que não exerce a função social de sua propriedade imobiliária, seja urbana (art. 182, §2º, III), seja rural (art. 184). É considerada uma drástica forma de intervenção do Estado na propriedade privada, devendo ser utilizada como uma exceção, apenas justificável pelo fato de ser motivada pelo interesse da coletividade. Caso contrário, a própria Constituição, ao garantir a propriedade privada como direito fundamental e também como um princípio da ordem econômica (art. 5º, XXII c/c 170, II), garante ainda que uma pessoa somente poderá ser privada de sua propriedade por meio do procedimento de desapropriação, por necessidade ou utilidade pública, ou interesse social, mediante justa e prévia indenização em dinheiro (art. 5º, XXIV).[41]

Propriedades rurais

Da mesma forma que estabeleceu para os imóveis urbanos, o constituinte especificou também os requisitos necessários ao cumprimento da função social da propriedade rural:

> *Art. 186. A função social é cumprida quando a propriedade rural atende, simultaneamente, segundo critérios e graus de exigência estabelecidos em lei, aos seguintes requisitos:*
>
> *I - aproveitamento racional e adequado;*
> *II - utilização adequada dos recursos naturais disponíveis e preservação do meio ambiente;*

continua

---

[41] Para mais considerações sobre a desapropriação-sanção: FARIAS, C. C.; ROSENVALD, N. *Negócio fiduciário*. Rio de Janeiro: Lumen Juris, 2006. p. 213-227.

> *III - observância das disposições que regulam as relações de trabalho;*
> *IV - exploração que favoreça o bem-estar dos proprietários e dos trabalhadores.*[42]

Os arts. 184 a 191 da Constituição de 1988 foram regulamentados pela Lei nº 8.629/93. Essa lei produziu, em seu art. 9º, os requisitos necessários ao cumprimento da função social do imóvel rural – especificando, em seus parágrafos, a dimensão de cada um deles. A lei estabeleceu ainda os procedimentos para desapropriação-sanção prevista no art. 184 da Constituição, para fins de reforma agrária.

O art. 185 da Constituição determina que não podem ser desapropriadas para fins de reforma agrária a pequena e média propriedade rural, conforme definidas em lei (no caso, a Lei nº 8.629/93), desde que seu proprietário não possua outra propriedade (inc. I); nem a propriedade produtiva (inc. II).

Direito de propriedade e função social

O Código Civil de 2002, apesar de não ter conceituado o direito de propriedade, inovou ao determinar, expressamente, que tal direito deve ser exercido em consonância com sua função social.

Desse modo, o Código Civil consagrou, de vez, a nova concepção do direito de propriedade, fundada pela Constituição de 1988 – conforme podemos interpretar do art. 1.228:[43]

> *Art. 1.228. O proprietário tem a faculdade de usar, gozar e dispor da coisa, e o direito de reavê-la do poder de quem quer que injustamente a possua ou detenha.*

continua

---

[42] BRASIL. Congresso Nacional. Constituição da República Federativa do Brasil de 1988. *Diário Oficial da União*, Brasília, DF, 5 out. 1988. Disponível em: <www.planalto.gov.br/ccivil_03/constituicao/constituicao.htm>. Acesso em: 9 set. 2013.

[43] BRASIL. Congresso Nacional. Lei nº 10.406, de 10 de janeiro de 2002. *Diário Oficial da União*, Brasília, DF, 11 jan. 2002. Disponível em: <www.planalto.gov.br/ccivil_03/leis/2002/l10406.htm>. Acesso em: 9 set. 2013.

§1º O direito de propriedade deve ser exercido em consonância com as suas finalidades econômicas e sociais e de modo que sejam preservados, de conformidade com o estabelecido em lei especial, a flora, a fauna, as belezas naturais, o equilíbrio ecológico e o patrimônio histórico e artístico, bem como evitada a poluição do ar e das águas.

§2º São defesos os atos que não trazem ao proprietário qualquer comodidade, ou utilidade, e sejam animados pela intenção de prejudicar outrem.

§3º O proprietário pode ser privado da coisa, nos casos de desapropriação, por necessidade ou utilidade pública ou interesse social, bem como no de requisição, em caso de perigo público iminente.

§4º O proprietário também pode ser privado da coisa se o imóvel reivindicado consistir em extensa área, na posse ininterrupta e de boa-fé, por mais de cinco anos, de considerável número de pessoas, e estas nela houverem realizado, em conjunto ou separadamente, obras e serviços considerados pelo juiz de interesses social e econômico relevante.

§5º No caso do parágrafo antecedente, o juiz fixará a justa indenização devida ao proprietário; pago o preço, valerá a sentença como título para o registro do imóvel em nome dos possuidores.

Aquisição da propriedade

O direito brasileiro adota o sistema romano com relação à aquisição da propriedade. Não basta um ato jurídico para transferir a propriedade; é necessária a observância de determinada formalidade jurídica para transferir ao adquirente tal direito.

O Código Civil de 1916 trazia expressamente, em seu art. 530, as modalidades de aquisição da propriedade imóvel, a saber:

- a transcrição do título de transferência no Registro de Imóvel, que é um modo peculiar de transferir a propriedade imobiliária;
- a acessão;
- o usucapião;
- o direito hereditário.

Já o Código Civil de 2002 não definiu em apenas um artigo os modos de aquisição da propriedade imobiliária. O Código Civil de 2002 regulou, em seus artigos:

Quadro 2
CÓDIGO CIVIL 2002 – AQUISIÇÃO DA PROPRIEDADE IMOBILIÁRIA

Artigos	Tema regulado
1.238 a 1.244	Modalidades de usucapião.
1.245 a 1.247	Aquisição pelo registro do título – modo peculiar de aquisição da propriedade imobiliária e dos direitos reais a ela relativos.
1.248 a 1.259	Aquisição por acessão – decorre do princípio da acessão pelo qual tudo aquilo que é acrescido ou incorporado a um bem imóvel passa a pertencer ao proprietário do imóvel, como as construções.

Embora não tenha tratado expressamente o direito hereditário como modo de aquisição da propriedade em seu Livro III (Direito das Coisas), em obediência a nossa tradição jurídica, o Código Civil de 2002 manteve a sucessão hereditária como modo de aquisição de propriedade, tratando-a em livro próprio (Livro V – Direito das Sucessões).

Perda da propriedade

No que se refere à perda da propriedade imobiliária, tanto o Código Civil de 1916 quanto o de 2002 estabelecem em um só dispositivo suas modalidades, as quais se encontram, atualmente, reguladas nos arts. 1.275 e 1.276 do diploma em vigor.[44]

> Art. 1.275. Além das causas consideradas neste Código, perde-se a propriedade:
>
> I - por alienação;
> II - pela renúncia;
> III - por abandono;
> IV - por perecimento da coisa;
> V - por desapropriação.
>
> Parágrafo único. Nos casos dos incisos I e II, os efeitos da perda da propriedade imóvel serão subordinados ao registro do título transmissivo ou do ato renunciativo no Registro de Imóveis.
>
> Art. 1.276. O imóvel urbano que o proprietário abandonar, com a intenção de não mais o conservar em seu patrimônio, e que se não encontrar na posse de outrem, poderá ser arrecadado, como bem vago, e passar, três anos depois, à propriedade do Município ou à do Distrito Federal, se se achar nas respectivas circunscrições.
>
> §1º O imóvel situado na zona rural, abandonado nas mesmas circunstâncias, poderá ser arrecadado, como bem vago, e passar, três anos depois, à propriedade da União, onde quer que ele se localize.
>
> §2º Presumir-se-á de modo absoluto a intenção a que se refere este artigo, quando, cessados os atos de posse, deixar o proprietário de satisfazer os ônus fiscais.

---

[44] BRASIL. Congresso Nacional. Lei nº 10.406, de 10 de janeiro de 2002. *Diário Oficial da União*, Brasília, DF, 11 jan. 2002. Disponível em: <www.planalto.gov.br/ccivil_03/leis/2002/l10406.htm>. Acesso em: 9 set. 2013.

Direito do promitente comprador

Processo de compra e venda do imóvel

Ao se interessar por um imóvel que está colocado à venda, o comprador procura o proprietário do imóvel – ou pessoa por este indicada – e se iniciam as tratativas para serem estabelecidas as condições do negócio, tais como preço, forma de pagamento, ocasião da imissão na posse e garantias.

Após atingirem consenso quanto aos aspectos negociais, comprador e vendedor buscam formalizar os entendimentos havidos por meio de instrumentos jurídicos adequados às expectativas de ambas as partes com relação àquele negócio.

É comum as partes firmarem, preliminarmente, promessas ou compromissos de compra e venda antes de assinarem a escritura definitiva de compra e venda.

O processo de firmar promessa ou compromisso ocorre em virtude do dinamismo que norteia o mercado imobiliário – no qual as negociações tendem a ser rápidas, e a oferta, muitas vezes, é inferior à demanda –, e da lentidão imposta pela burocracia estatal para que o comprador tenha acesso às certidões e aos documentos que lhe garantam que aquela aquisição é juridicamente possível e relativamente segura.

A promessa de compra e venda é um contrato preliminar em que se objetiva a conclusão de um outro contrato, de caráter definitivo – a escritura definitiva de compra e venda de imóvel.

Conclusão de compra e venda

Normalmente, a conclusão da compra e da venda de um imóvel está sujeita ao cumprimento de determinadas condições, tais como pagamento integral do preço, obtenção de certidões e aprovação de projetos de construção. Outras condições podem vir a ser negociadas entre as partes.

O Código Civil de 2002 regula, expressamente, os contratos preliminares nos arts. 462 a 466. A promessa de compra e venda de imóveis tem tratamento específico nos arts. 1.417 e 1.418, que regulam o direito real do promitente comprador.

No que se refere a imóveis objetos de loteamento, a promessa de compra e venda ganha tratamento especial pela Lei nº 6.766, de 19 de dezembro de 1979.[45]

Escritura pública

Em virtude do art. 108 do Código Civil, a escritura pública é requisito essencial à validade dos negócios jurídicos que visem à constituição, transferência, modificação e renúncia de direitos reais sobre imóveis de valor superior a 30 vezes o salário mínimo vigente no país – salvo disposição legal em contrário.

A promessa de compra e venda é uma das exceções a essa formalidade legal e pode ser celebrada por meio de instrumento particular (contrato), conforme expressamente previsto no art. 1.417 do Código Civil e no art. 26 da Lei nº 6.766/79. As partes firmam o contrato preliminar sem cláusula de arrependimento – isto é, em caráter irrevogável e irretratável – para formalizar a intenção firme de concluir o negócio.

Com o registro desse contrato na matrícula do imóvel, no competente Registro de Imóveis, o promitente comprador passa a deter um direito real de aquisição sobre aquele imóvel (art. 1.417 do Código Civil). Com isso, ele faz com que o acordo preliminar celebrado com o proprietário do imóvel seja público, oponível a toda e qualquer pessoa (efeito *erga omnes*) e, portanto, preferencial sobre direitos de terceiros não registrados na matrícula do imóvel.

Se uma terceira pessoa vier a celebrar uma compra e venda de um imóvel sobre o qual já exista uma promessa de compra e venda registrada, aquele terceiro será considerado um adquirente de má-fé, submetendo seu direito à conclusão da promessa de compra e venda.

É praxe, nas transações imobiliárias, a celebração entre promitente comprador e proprietário do imóvel do recibo de sinal e princípio de pagamento. Dele consta – entre outras informações – a descrição sucinta do imóvel, o valor da transação e a forma de pagamento.

---

[45] BRASIL. Congresso Nacional. Lei nº 6.766, de 19 de dezembro de 1979. *Diário Oficial da União*, Brasília, DF, 20 dez. 1979. Disponível em: <www.planalto.gov.br/ccivil_03/Leis/L6766.htm>. Acesso em: 9 set. 2013.

No entanto, é recomendável que o promitente comprador, já no ato do pagamento do sinal (arras), exija a celebração de um contrato de promessa de compra e venda, o qual, como um contrato preliminar, deverá ter os mesmos requisitos de validade do contrato definitivo que se almeja, isto é, o preço, o objeto (o imóvel e sua descrição) e o acordo entre as partes.

Arras

A promessa de compra e venda é o instrumento (contrato), normalmente, utilizado para a compra de imóveis com pagamento a prazo. Essa promessa garante ao vendedor que ele somente irá vender seu imóvel quando do recebimento integral do preço.

A fim de assegurar o negócio, o promitente comprador, no ato da celebração do primeiro instrumento com o proprietário do imóvel, paga a ele determinada quantia em dinheiro. A quantia em dinheiro funciona como sinal (arras) e princípio de pagamento. Desse pagamento, o promitente comprador deve exigir que o proprietário lhe outorgue, no corpo do próprio documento, plena e irrevogável quitação por seu recebimento.

Muitas vezes, o pagamento do sinal é realizado antes que o promitente comprador tenha acesso às certidões necessárias do proprietário e do próprio imóvel. Nesse caso, o contrato deverá prever uma hipótese de resolução do acordo, isto é, de término do contrato.

A resolução do acordo deverá acontecer mesmo que as partes tenham acordado celebrar um compromisso irrevogável e irretratável, sem cláusula de arrependimento. A hipótese de resolução do acordo deve ser considerada, após ter acesso às certidões necessárias à compra do imóvel, caso o promitente comprador identifique a existência de ações judiciais ou débitos fiscais do proprietário ou do imóvel.

As ações judiciais ou débitos fiscais do proprietário ou do imóvel podem impedir a transferência da propriedade do imóvel bem como oferecer riscos a sua aquisição. Nessa hipótese, o compromisso celebrado com o proprietário deve ser resolvido (isto é, encerrado), sendo restabelecido o *status quo ante* (estado das coisas antes da celebração), com a consequente devolução dos valores pagos pelo promitente comprador ao proprietário a título de arras.

Admitindo a possibilidade de arrependimento na promessa de compra e venda, o vendedor pode vir a reter o valor recebido a título de arras, caso o promitente comprador desista de realizar a compra e venda, e ter de devolver o valor das arras em dobro, no caso de ele mesmo desistir de concluir o negócio. Tudo isso está de acordo com o disposto no art. 418 do Código Civil.

Adjudicação compulsória

Na hipótese de se tratar de contrato celebrado em caráter irrevogável e irretratável, caso o proprietário do imóvel recuse-se a vendê-lo ao promitente comprador, esse comprador, alternativamente à resolução do contrato e à devolução das arras, poderá requerer, judicialmente, a adjudicação compulsória do imóvel, nos termos do art. 1.418 do Código Civil.

A sentença judicial servirá como título hábil para registro da propriedade do imóvel em nome do promitente comprador no Registro de Imóveis competente.

A adjudicação compulsória é um meio judicial para suprir a falta da manifestação da vontade do vendedor na conclusão da compra e venda. Por isso, todas as condições necessárias para a compra e venda ajustadas entre as partes terão de estar cumpridas – o pagamento do preço, o pagamento do imposto de transmissão.

A grande questão trazida pelo Código Civil de 2002, envolvendo a adjudicação compulsória, era sua viabilidade em se tratando de compromisso de compra e venda não registrado na matrícula do imóvel. Nesse caso, o promitente comprador teria direito à adjudicação compulsória?

Seria fácil dizer que não quando o promitente vendedor não era mais o proprietário, já tendo alienado o imóvel a terceiro, visto que um adquirente de boa-fé, que não sabia da existência da promessa de venda, não poderia ter sua compra cancelada por acordo que não lhe era oponível, em virtude da ausência de registro do compromisso anterior. No entanto, o Superior Tribunal de Justiça, por meio da Súmula nº 239,[46] pacificou o entendimento da justiça no sentido de que não é necessário

---

[46] BRASIL. Superior Tribunal de Justiça. Súmula nº 239, de 28 de junho de 2000. DJ, 30 ago. 2000. Disponível em: <www.dji.com.br/normas_inferiores/regimento_interno_e_sumula_stj/stj__0239.htm>. Acesso em: 9 set. 2013.

o registro do compromisso de compra e venda para obtenção do direito à adjudicação compulsória.

Direito registral

Sistema registral

Um imóvel, para fins legais, consiste na coisa imóvel, compreendendo o solo e seus acréscimos. A definição atual de imóvel se observa nos arts. 79, 80, 81, 1.229 e 1.230 do Código Civil.

O registro imobiliário tem por finalidade garantir a autenticidade, segurança, eficácia e publicidade dos atos jurídicos *inter vivos* (entre pessoas vivas) ou *causa mortis* (em função de herança). Nesse sentido, o registro serve para constituir, modificar, transmitir ou extinguir os direitos reais sobre imóveis.

O sistema registral atualmente vigente no Brasil é regulamentado pela Lei de Registros Públicos, que instituiu a matrícula em nosso ordenamento, por meio de seus arts. 176, 227 e 228.

A partir de 1973, em decorrência da Lei de Registros Públicos, todos os imóveis devem ser matriculados no Livro nº 2 do Cartório de Registro de Imóveis da circunscrição correspondente, observados os requisitos constantes do art. 176 da mesma lei, ato praticado pelo serventuário, obrigatoriamente, por ocasião do primeiro registro.

Matrícula, registro e averbação

A *matrícula* é o ato cadastral de individualização do imóvel que, apenas, o caracteriza e confronta. É pré-requisito dos registros ou das averbações referentes aos atos que envolvem o imóvel.

Compete ao Registro de Imóveis matricular todos os imóveis, efetuar o registro dos negócios ou atos jurídicos que envolvem a aquisição e a transferência da propriedade imobiliária, assim como a constituição de direitos, ônus e gravames a ela inerentes, e averbar os atos que afetam os assentos registrais, seja em relação ao imóvel ou às pessoas nele interessadas.

Registro é o ato pelo qual os atos ou negócios jurídicos que se encontram taxativamente enumerados no art. 167, inc. I, da Lei de Registros Públicos são transcritos na matrícula.

Averbação é daqueles atos relacionados no inc. II do mesmo artigo, assim como outras ocorrências que, de qualquer modo, alterem o registro, conforme art. 246 da Lei de Registros Públicos.

Ao contrário da averbação, os atos objeto de registro deverão estar previstos em lei. Para a efetivação do registro ou da averbação, o título deverá ser apresentado no Cartório de Registro de Imóveis competente.

O título ficará prenotado até que o serventuário conclua a análise do título. O serventuário só efetuará o registro ou a averbação – conforme o caso – se o título estiver de acordo com os requisitos exigidos por lei.

Atributos do sistema registral

O registro imobiliário não é apenas um procedimento formal, destinado à preservação dos atos praticados com relação aos imóveis, com o fim de resguardar o conteúdo e a estrutura do direito. É um procedimento que visa garantir autenticidade, segurança, eficácia e publicidade, conforme disposto no art. 1º da Lei nº 6.015/73 e art. 1º da Lei nº 8.935, de 18 de novembro de 1994.[47]

A) Autenticidade:

O ato de registro praticado pelo serventuário, no regular exercício de sua função e atendendo às formalidades legais, é revestido de fé pública e gera a presunção de que aquele direito real pertence à pessoa em cujo nome se registrou, salvo prova em contrário.

A autenticidade garantida pelo registro é relativa tão somente ao ato de registro; ela não significa, jamais, a autenticidade do negócio jurídico imobiliário celebrado.

---

[47] BRASIL. Congresso Nacional. Lei nº 8.935, de 18 de novembro de 1994. *Diário Oficial da União*, Brasília, DF, 21 nov. 1994. Disponível em: <www.planalto.gov.br/ccivil_03/Leis/L8935.htm>. Acesso em: 9 set. 2013.

B) Segurança:

O ato registral resulta de um rígido procedimento previsto em lei para identificação do titular da propriedade ou do domínio, e dos ônus que, porventura, recaiam sobre o imóvel – as restrições ao direito do proprietário. Aos atos praticados pelo Cartório do Registro de Imóveis, é conferida fé pública.

C) Publicidade:

Além de se tratar de um atributo, a publicidade é uma das finalidades do ato registral, que visa tornar conhecida, a qualquer interessado, a situação jurídica do imóvel.
Os oficiais de cartórios imobiliários têm o dever de mostrar aos interessados os livros registrais para que eles possam ter acesso à real situação do imóvel.

D) Eficácia:

Os instrumentos, públicos ou particulares, que envolvam imóveis, enquanto não registrados no Cartório de Registro de Imóveis competente, só produzem efeitos entre as partes contratantes. Para que esses instrumentos tenham eficácia *erga omnes*, é necessário o registro no Cartório de Registro de Imóveis competente. Preservam-se, assim, os direitos de terceiros de boa-fé.
Os direitos reais sobre imóveis só se constituem com o registro do título que lhe deu origem. Portanto, no caso de uma compra e venda de imóvel, a propriedade imobiliária só será transferida com o registro da escritura de compra e venda perante o registro imobiliário (art. 1.227 do Código Civil).
Enquanto isso não ocorrer, o contrato celebrado entre as partes é válido, porém o direito do comprador é apenas um direito pessoal.

Cuidados na aquisição

A compra de um imóvel requer diligência e atenção do comprador para uma série de informações a serem verificadas, com relação ao imóvel e a seu proprietário, antes de ser firmado qualquer tipo de vínculo jurídico.

Diversas são as certidões que deverão ser apresentadas pelo vendedor na celebração da escritura de compra e venda de imóveis, e no caso de oneração dos imóveis.

Esse procedimento tem como finalidade verificar a existência de impedimentos legais à alienação (transferência) do bem e comprometimento do patrimônio do vendedor em razão de dívidas preexistentes. Desse modo, é evitado o risco de cancelamento da alienação por se caracterizar fraude à execução ou fraude contra credores do vendedor.

O Decreto nº 93.240, de 9 de setembro de 1986[48] – que regulamenta a Lei nº 7.433, de 18 dezembro de 1985[49] e dispõe sobre os requisitos para a lavratura de escrituras públicas – indica, em seu art. 1º, as certidões obrigatórias para lavratura de atos notariais relativos a imóveis.

Certidões relativas ao imóvel

Entre as certidões obrigatórias para lavratura de atos notariais, primeiramente, destacam-se as certidões relativas ao imóvel objeto do negócio imobiliário. Essas certidões variam em razão de o imóvel ser urbano ou rural.

A) Certidão de ônus reais da matrícula do imóvel:

A principal certidão a ser apresentada em todo e qualquer negócio imobiliário é a certidão de ônus reais da matrícula do imóvel. Por meio dela, é possível verificar quem é o proprietário e se há algum ônus ou gravame. Essa certidão é expedida pelo Cartório do Registro de Imóveis competente. Por

---

[48] BRASIL. Congresso Nacional. Decreto nº 93.240, de 9 de setembro de 1986. *Diário Oficial da União*, Brasília, 10 set. 1986. Disponível em: <www.planalto.gov.br/ccivil_03/decreto/Antigos/D93240.htm>. Acesso em: 9 set. 2013.
[49] BRASIL. Congresso Nacional. Lei nº 7.433, de 18 dezembro de 1985. *Diário Oficial da União*, Brasília, DF, 19 dez. 1985. Disponível em: <www.planalto.gov.br/ccivil_03/Leis/L7433.htm>. Acesso em: 9 set. 2013.

força do Decreto nº 93.240/86, a certidão de ônus reais do imóvel, expedida pelo Registro de Imóveis competente, possui prazo de validade de 30 dias.

B) Outras certidões emitidas pelo Cartório de Registro de Imóveis:

Há outras certidões que ajudam na análise da situação jurídica do imóvel, tais como:

- certidão de filiação vintenária – certidão do imóvel da qual constam os registros e as averbações realizados nos últimos 20 anos;
- certidão de inteiro teor – certidão do imóvel da qual constam todos os registros e as averbações realizados desde a criação da matrícula do imóvel.

C) Análise do título de propriedade do atual proprietário do imóvel:

Além das certidões emitidas pelo Registro de Imóveis com relação à matrícula do imóvel, a análise do título de propriedade do atual proprietário do imóvel é de extrema importância. Em conjunto, esses documentos possibilitam a confirmação de uma série de informações de extrema relevância – a titularidade, a existência de ônus reais ou gravames incidindo sobre o imóvel, área de terreno, confrontação com vizinhos, existência de eventuais construções e sua regularidade, área útil construída.

D) Certidões que comprovem a regularidade fiscal do imóvel:

É necessária a apresentação das certidões que comprovem a regularidade fiscal do imóvel, ou seja, se os impostos sobre ele incidentes (IPTU ou ITR) estão quites. Para o caso de imóveis em condomínios, é também essencial a apresentação da quitação condominial. Impostos sobre os imóveis e contribuições condominiais são dívidas que acompanham o imóvel – obrigações *propter rem*, pois acompanham a coisa quando há a transferência da propriedade –, não importando quem seja seu proprietário.

E) Certidões de distribuição de feitos judiciais:

Outros documentos cuja apresentação é essencial para lavratura de escrituras relativas a imóveis são as certidões de distribuição de feitos judiciais. Essas certidões identificam eventuais ações movidas em nome de ou contra alguém – em nome dos vendedores, tanto na esfera estadual como na federal. Compreendem as certidões da justiça comum, justiça do trabalho, justiça federal.

F) Certidões pessoais do vendedor:

A apresentação de certidões pessoais do vendedor faz-se necessária a fim de verificar se a alienação daquele imóvel não caracterizará fraude a credores ou fraude à execução – isto é, o esvaziamento do patrimônio do vendedor, tornando-o incapaz de honrar suas dívidas preexistentes. Vejamos o significado desses dois tipos de fraude:

- fraude contra credores – prevista no art. 158 e seguintes do Código Civil, é causa de anulação do ato de alienação praticado pelo vendedor. Os atos passíveis de anulação – que é o caso da fraude contra credores – produzem efeitos até que sua anulação seja determinada;
- fraude à execução – prevista no art. 593 do Código de Processo Civil, é causa de ineficácia da alienação. No caso da fraude à execução, apesar de o ato fraudulento existir e produzir efeitos entre as partes, ele não é oponível aos credores do devedor. Esses credores podem ignorar o ato de alienação, como se ele nunca tivesse existido, e requerer, judicialmente, a penhora do bem.

G) Rol específico de certidões:

O rol específico das certidões que devem ser apresentadas para a celebração de escrituras públicas que envolvam imóveis varia de estado para estado. Outros documentos poderão ser exigidos de acordo com a especificidade do imóvel.

Os tipos de imóveis que exigem certidões específicas são:

- imóveis foreiros à União – deve ser apresentada uma certidão que autorize a transferência do imóvel, evidenciando que o imóvel está quite com foros e laudêmios;

- terrenos de marinha – assim como no caso de imóveis foreiros à União, deve ser apresentada uma certidão que autorize a transferência do imóvel, evidenciando que o imóvel está quite com foros e laudêmios;
- imóveis rurais – deverão ser apresentados o CCIR, expedido pelo Incra –, uma espécie de matrícula dos imóveis rurais perante aquele órgão e a quitação de ITR;
- imóvel de propriedade de pessoa jurídica – além de seus atos constitutivos atualizados – isto é, a cópia do último contrato social consolidado ou estatuto social, a cópia do ato societário que elege os atuais administradores ou diretores da sociedade e a certidão simplificada da Junta Comercial ou Registro Civil de Pessoas Jurídicas competente –, devem ser apresentadas a certidão negativa de débito (CND) do INSS e a certidão conjunta de quitação de tributos e contribuições federais e dívida ativa da União, expedida pela Receita Federal do Brasil.

Autoavaliações

Questão 1:

Sabemos que alguns cuidados devem ser tomados, em uma operação de compra e venda de imóveis.

Nesse sentido, é importante identificar se o objeto da operação é um imóvel rural ou urbano. Dessa forma, o adquirente saberá se a situação jurídica do imóvel deverá ser analisada pelo prisma da legislação rural ou da legislação urbana.

Considerando uma operação para compra e venda de um apartamento localizado na Barra da Tijuca – na cidade do Rio de Janeiro –, podemos afirmar que deveremos:

a) verificar se o prédio possui o habite-se e a certidão negativa de débitos de INSS devidamente registrados na matrícula.
b) analisar o certificado de cadastro de imóvel rural, a fim de verificar se o imóvel atinge os índices de produtividade determinados por lei.
c) confirmar que o adquirente é pessoa física ou jurídica, de nacionalidade brasileira, tendo em vista as limitações a que os estrangeiros estão sujeitos.
d) verificar se está registrado, na matrícula do imóvel, o memorial descritivo do mesmo, assinado por profissional habilitado e contendo as coordenadas dos vértices definidores dos imóveis limítrofes.

Questão 2:

O direito real se distingue do direito pessoal, pois trata da relação entre uma coisa e um indivíduo, enquanto o direito pessoal caracteriza-se por uma relação entre indivíduos.

Sobre o direito real, podemos afirmar que:

a) suas ações não podem ser propostas mais de uma vez contra um mesmo violador.
b) apenas obriga as partes contratantes, pois não prevalece contra os demais indivíduos.
c) consiste na relação obrigacional, entre credor e devedor, que tem por objeto uma prestação de contas.
d) o titular do direito real tem a prerrogativa de exercer seu direito sobre a coisa. Todos os demais devem respeitar tal prerrogativa.

Questão 3:

Juliana adquiriu, de Camila, uma fazenda, por meio de uma escritura definitiva de compra e venda. Na ocasião da compra, o preço de aquisição foi pago integralmente, as certidões foram devidamente apresentadas e o ITBI foi devidamente recolhido.

Dessa forma, podemos afirmar que Juliana:

a) passa a ser – com a celebração da referida escritura de compra e venda – a legítima proprietária do imóvel, de imediato.
b) passa a ser proprietária do imóvel, em condomínio com Camila, até que o registro da escritura de compra e venda seja efetuado.
c) somente terá a propriedade transferida para si definitivamente, quando a escritura estiver devidamente registrada no Cartório de Registro de Imóveis competente.
d) fica dispensada da celebração da escritura, uma vez que a quitação do preço de compra e venda do imóvel é suficiente para a transferência da propriedade do imóvel para Juliana.

Questão 4:

O direito real de aquisição consiste no direito real conferido ao promissário comprador de um imóvel, que poderá reivindicar, em juízo, a transferência do imóvel para si, caso o proprietário do imóvel se recuse a vendê-lo. Isso deve ser feito por meio da propositura de uma ação judicial denominada adjudicação compulsória.

Para que a adjudicação compulsória seja efetuada, o requisito a ser cumprido é:

a) a celebração da promessa de compra e venda, em caráter irrevogável e irretratável.
b) o pagamento, pelo promissário comprador, de um mínimo de 80% do preço de aquisição do imóvel.
c) a apresentação, no contrato, de uma cláusula prevendo a possibilidade da propositura da adjudicação compulsória.
d) a desocupação completa do imóvel. Caso contrário, o promissário comprador deverá propor uma ação de despejo.

Questão 5:

A Lei nº 6.015/73 criou um sistema de registro de imóveis por meio do qual todos os imóveis, no Brasil, devem ser cadastrados no competente Cartório de Registro de Imóveis.

Dessa forma, podemos afirmar que a certidão relativa ao imóvel, por meio da qual é possível verificar sua situação jurídica, é:

a) a certidão enfitêutica.
b) a certidão de quitação fiscal.
c) a escritura de compra e venda lavrada em cartório de notas.
d) a certidão de inteiro teor e de ônus reais da matrícula do imóvel.

Questão 6:

João constituiu uma hipoteca sobre seu imóvel, a fim de garantir uma dívida perante seu credor – o Banco Tio Patinhas. Tendo em vista que a hipoteca é um direito real, será necessário, para sua constituição, seu registro na matrícula do imóvel, perante o Cartório do Registro de Imóveis competente. Se João, posteriormente, vender o imóvel a Manuel, este irá adquirir o imóvel gravado com a hipoteca que é preexistente.

Nesse caso, podemos afirmar que:

a) a venda realizada a Manuel poderá ser declarada nula, já que os imóveis gravados por hipotecas não podem ser alienados.
b) Manuel poderá devolver o imóvel a João, pois João não revelou a existência da hipoteca registrada na matrícula do imóvel.
c) se o Banco Tio Patinhas cobrar a dívida de João e executar a hipoteca, Manuel poderá impedir a execução da hipoteca, pois ele é o novo proprietário do imóvel.
d) o banco poderá cobrar a dívida de João e executar a hipoteca – hipótese em que Manuel poderá perder o imóvel, que será levado a leilão judicial, pois a hipoteca tem preferência à venda efetuada a Manuel.

Questão 7:

Os atos praticados pelo registro imobiliário, com relação a imóveis, são revestidos de fé pública, garantindo segurança, eficácia, publicidade e autenticidade.

Desse modo, podemos afirmar que a publicidade:

a) visa tornar público o ato praticado.
b) garante que a compra e venda efetuada seja válida e eficaz.
c) decorre da vontade discricionária dos tabeliães de registros de imóveis.
d) garante que o negócio jurídico produza efeitos apenas entre as partes contratantes.

Questão 8:

Na celebração de promessa de compra e venda de imóveis com pagamento a prazo, a fim de assegurar o negócio, é comum o promitente comprador efetuar o pagamento de uma parte do preço, a título de sinal e princípio de pagamento.

Podemos apontar como expressão correspondente ao valor pago, a título de sinal e princípio de pagamento:

a) a hasta.
b) as arras.
c) a caução.
d) a indenização.

Questão 9:

Na operação de compra de imóvel, um cuidado que deve ser observado diz respeito às certidões de distribuição de feitos judiciais, em nome do vendedor. Isso deve ser feito a fim de verificar se a venda pretendida não poderá caracterizar fraude contra credores ou fraude à execução.

Dessa forma, podemos afirmar que:

a) a fraude contra credores é causa de ineficácia da alienação, enquanto a fraude à execução é causa de anulação da alienação.
b) tanto a fraude contra credores quanto a fraude à execução dependem, para sua caracterização, da má-fé do terceiro adquirente.
c) a fraude contra credores e a fraude à execução significam o esvaziamento do patrimônio do devedor, de uma forma tal que o torna incapaz de honrar suas dívidas.
d) a fraude contra credores pode ser verificada de ofício pelo juiz, enquanto a fraude à execução somente pode ser declarada por meio de uma ação judicial própria movida pelo credor prejudicado.

Questão 10:

O direito real traduz-se na relação entre uma coisa e um indivíduo, dando ao indivíduo uma série de prerrogativas sobre a coisa.
Podemos afirmar que são espécies de direitos reais:

a) a propriedade, o usufruto e a locação.
b) o condomínio, a superfície e a servidão.
c) a anticrese, a hipoteca e a alienação fiduciária.
d) a desapropriação, o usucapião e o direito hereditário.

Módulo II – Condomínio e empreendimentos imobiliários

Módulo II – Condomínio e empreendimentos imobiliários

O Código Civil regula o condomínio em seus arts. 1.314 a 1.358. Existem três espécies de condomínio: o condomínio voluntário, condomínio necessário e o condomínio edilício.

Neste módulo, analisaremos essas espécies de condomínio, estabelecendo as principais diferenças entre elas bem como apontando suas principais características. Além disso, mostraremos as principais características das duas formas mais comuns de desenvolvimento de empreendimentos imobiliários, quais sejam, a incorporação e o loteamento, abordando ainda as questões mais discutidas atualmente sobre cada uma delas.

Espécies de condomínios

Condomínio voluntário

Existem três espécies de condomínio: o condomínio voluntário, o condomínio necessário e o condomínio edilício.

O condomínio voluntário ou copropriedade – quando duas ou mais pessoas tornam-se proprietárias de um mesmo bem – está regulado nos arts. 1.314 a 1.326 do Código Civil.[50] Cada condômino pode usar da coisa conforme sua destinação, exercer sobre a coisa todos os direitos compatíveis com a indivisão, reivindicar a coisa de terceiro, defender a posse da coisa, alienar sua parte ideal e instituir ônus e gravames sobre a coisa. Nenhum dos condôminos, no entanto, pode alterar a destinação da coisa comum.

Com relação às despesas originadas pelo bem em condomínio, elas serão rateadas de acordo com a cota-parte que cada condômino for titular. Se um imóvel pertence a duas pessoas, cada uma com 50%, as despesas deverão ser rateadas entre elas na mesma proporção.

Cota-parte é a fração detida individualmente pelo condômino naquele bem (por exemplo, 50%, 1/3, etc.). Quando não ficar determinado qual é o percentual pertencente a cada um dos condôminos, o parágrafo único do art. 1.315 do Código Civil estabelece uma presunção de que as partes são iguais para todos.

Caso o condômino não queira arcar com o pagamento das despesas e dívidas, ele poderá renunciar sua cota-parte. Na ocasião da renúncia, os demais condôminos que pagarem tais despesas assumirão a cota-parte daquele que a ela renunciou (art. 1.316).

De forma geral, a regra para o pagamento das despesas (salvo disposição expressa em contrário) é: os condôminos irão suportar as despesas proporcionalmente a sua parte na propriedade em comum.

Normalmente, o condomínio voluntário é indivisível, e essa indivisibilidade pode resultar de acordo entre as partes ou de imposição pelo doador ou testador que deixou aquele bem para aquelas pessoas. No entanto, a indivisibilidade do condomínio não poderá ser fixada por prazo

---

[50] BRASIL. Congresso Nacional. Lei nº 10.406, de 10 de janeiro de 2002. *Diário Oficial da União*, Brasília, DF, 11 jan. 2002. Disponível em: <www.planalto.gov.br/ccivil_03/leis/2002/L10406.htm>. Acesso em: 9 set. 2013.

superior a cinco anos. Ninguém é obrigado a ficar como coproprietário de um mesmo bem por mais de cinco anos.

A divisão do condomínio pode ser feita amigavelmente ou por meio de ação judicial de dissolução de condomínio. Quando o estado da coisa permitir sua divisão física (por exemplo, um terreno, uma fazenda), os condôminos podem desmembrá-la de forma que cada um fique com uma parte. Quando a natureza do bem não permitir sua divisão física sem que seja alterada sua substância e utilidade da coisa (por exemplo, uma casa ou um apartamento), será tomada uma providência especial quanto à divisão.

Quando a coisa for indivisível, a dissolução do condomínio poderá ser feita da seguinte forma: conforme o art. 1.322, caso qualquer dos condôminos não queira adquirir a parte daquele que deseja sair do condomínio, a coisa comum deverá ser vendida, e o valor obtido será repartido entre todos os condôminos, na proporção de suas participações.

No caso da venda da coisa em condomínio, os condôminos sempre terão o direito de preferência na aquisição do imóvel, em igualdade de condições com terceiros. Entre os condôminos, a regra é que terá preferência aquele que tiver, na coisa, as benfeitorias mais valiosas. Não havendo benfeitorias mais valiosas, o que tem a maior parte ou o maior quinhão terá preferência.

Entretanto, se nenhum dos condôminos tiver benfeitorias na coisa comum e participarem em iguais proporções, será realizada uma licitação entre estranhos e, antes de adjudicado o bem àquele que oferecer maior lance, será procedida uma licitação entre os condôminos, a fim de permitir que a coisa seja adjudicada por aquele que oferecer maior lance, preferindo sempre, em condições iguais, o condômino ao estranho.

Quanto à administração da coisa comum, a maioria (calculada pelo valor dos quinhões) escolherá o administrador, que poderá ser uma terceira pessoa estranha ao condomínio. As deliberações serão tomadas pela maioria absoluta (manifestação de partes representando 50% mais 1 da coisa comum).

Condomínio necessário

Condomínio necessário é aquele cuja lei determina a constante indivisibilidade.

O condomínio geral tem caráter transitório, temporário – isto é, a possibilidade de divisão após determinado prazo. Por sua vez, o condomínio por meação de paredes, valas, muros, cercas, pastagens, entre outros, é permanente e insuscetível de divisão. Essa indivisibilidade decorre da própria natureza da coisa.

Não há como separar, fisicamente, um muro que divide duas casas sem que ele perca sua utilidade. Essa espécie de condomínio está regulada nos arts. 1.327 a 1.330 do Código Civil.

Condomínio edilício

O condomínio edilício está regulado, atualmente, pelos arts. 1.331 a 1.358 do Código Civil. É o típico condomínio dos edifícios de apartamentos ou de um conjunto de casas.

A principal característica do condomínio edilício é a coexistência de áreas que são de uso comum a todos os condôminos e áreas que são de propriedade exclusiva de cada um dos condôminos. Em um edifício de apartamentos, por exemplo, os apartamentos pertencem, exclusivamente, a cada um dos condôminos, e as áreas comuns (portaria, corredores, elevadores, paredes externas, *playground*, etc.) pertencem a todos os proprietários de apartamentos.

No condomínio edilício as partes de propriedade exclusiva (como apartamentos, casas, lojas e salas) podem ser livremente alienadas e gravadas por seus proprietários, e cada condômino pode, livremente, vender a terceiros sua parte de propriedade exclusiva (por exemplo, seu apartamento). Ou seja, a venda da propriedade exclusiva de cada condômino, no condomínio edilício, pode ser feita sem que os demais condôminos daquele edifício tenham qualquer direito de preferência.

Áreas de uso comum

As áreas de uso comum do condomínio compreendem o solo, a estrutura do prédio, o telhado, a rede geral de distribuição de água, esgoto, gás e eletricidade, a calefação e a refrigeração centrais.

As demais partes comuns – inclusive o acesso ao logradouro público – não podem ser alienadas separadamente ou divididas.

No condomínio edilício, de acordo com o estabelecido no parágrafo 3º do art. 1.331 do Código Civil, a cada unidade imobiliária (apartamento, casa, etc.) caberá, como parte inseparável, uma fração ideal do solo e das outras partes comuns.

A fração ideal do solo e das partes comuns será identificada em forma decimal ou ordinária no instrumento de instituição do condomínio. Por exemplo, ao se constituir um condomínio em um edifício com 10 apartamentos, é possível estabelecer que cada apartamento tem uma fração ideal de 1/10 do terreno e das demais partes comuns – *playground*, corredores, elevador, escadas.

Instituição do condomínio

Segundo o disposto no art. 1.332 do Código Civil, o condomínio edilício pode ser constituído por acordo entre as partes, por meio de instrumento público ou particular, ou por disposição em testamento.

O ato que constitui o condomínio deve ser registrado perante o Cartório do Registro de Imóveis competente.

Convenção de condomínio

O contrato pelo qual se constitui o condomínio é chamado *convenção de condomínio*. A convenção de condomínio é o contrato que regerá a relação entre os condôminos – isto é, os proprietários das unidades autônomas – no que diz respeito à utilização e administração das áreas comuns.

A) Informações constantes e assinaturas:

Da convenção do condomínio deve constar obrigatoriamente:

- a discriminação e a individualização das unidades de propriedade exclusiva, estremadas uma das outras e das partes comuns;
- a determinação da fração ideal atribuída a cada unidade, relativamente ao terreno e às partes comuns;
- o fim a que se destinam as unidades – se residencial ou comercial, por exemplo.

De acordo com o art. 1.333 do Código Civil, a convenção de condomínio deverá ser assinada pelos titulares – ou a eles equiparados, como os promitentes compradores e cessionários de direitos relativos às unidades autônomas – de, no mínimo, dois terços das frações ideais. A convenção de condomínio torna-se, desde logo, obrigatória para os titulares de direito sobre todas as unidades autônomas do condomínio edilício.

B) Registro e obrigatoriedade:

A publicidade necessária para ser oponível perante terceiros estranhos ao condomínio dá-se com o registro da respectiva convenção perante o Registro de Imóveis competente. A partir do momento em que se registra a convenção do Registro de Imóveis, ela passará a ser obrigatória também a todos aqueles que se tornarem titulares de direitos relativos às unidades autônomas. Desse modo, não importa se houve a participação expressa daquela pessoa na formação da convenção, assim como não é necessária sua concordância expressa posteriormente.

C) Determinações da convenção:

O art. 1.334 do Código Civil estabelece que, além dos requisitos previstos na instituição de condomínio, a convenção determinará:

- a cota proporcional e o modo de pagamento das contribuições dos condôminos para atender às despesas ordinárias e extraordinárias do condomínio;

- a forma de administração do condomínio;
- a competência das assembleias, a forma de sua convocação e o quórum exigido para as deliberações a serem tomadas pelos condôminos;
- as sanções a que estão sujeitos os condôminos, ou possuidores, no caso de descumprimento das cláusulas da convenção condominial;
- o regimento interno do condomínio, ou seja, as normas que regerão o dia a dia do condomínio.

Despesas do condomínio

A Lei de Locações de Imóveis Urbanos (Lei nº 8.245, de 18 de outubro de 1991)[51] define as despesas do condomínio como:

- despesas ordinárias – despesas necessárias à administração do condomínio, tais como salários, encargos trabalhistas e contribuições previdenciárias e sociais dos empregados do condomínio;
- despesas extraordinárias – despesas que não fazem parte da rotina da administração do condomínio, tais como obras de reformas ou acréscimos à estrutura integral do prédio, pintura da fachada externa.

Atribuições do síndico

A administração do condomínio deverá ser exercida por meio da figura do síndico eleito, com mandato de até dois anos renováveis. O síndico não precisa ser, obrigatoriamente, condômino (art. 1.347 do Código Civil).

Ao síndico competirá:

- convocar assembleia condominial;
- representar, ativa e passivamente, o condomínio, praticando, em juízo ou fora dele, os atos necessários à defesa dos interesses comuns;

---

[51] BRASIL. Congresso Nacional. Lei nº 8.245, de 18 de outubro de 1991. *Diário Oficial da União*, Brasília, DF, 21 out. 1991. Disponível em: <www.planalto.gov.br/ccivil_03/Leis/L8245.htm>. Acesso em: 9 set. 2013.

- dar imediato conhecimento à assembleia da existência de procedimento judicial ou administrativo de interesse do condomínio;
- cumprir e fazer cumprir a convenção, o regimento interno e as deliberações da assembleia;
- diligenciar a conservação e a guarda das partes comuns e zelar pela prestação dos serviços que interessem aos possuidores;
- elaborar orçamento da receita e da despesa relativa a cada ano;
- cobrar dos condôminos suas contribuições;
- impor e cobrar as multas devidas;
- prestar contas quando for exigido;
- realizar seguro da edificação.

O condomínio edilício, apesar de possuir número de inscrição no Cadastro Nacional das Pessoas Jurídicas (CNPJ) perante o Ministério da Fazenda, não tem personalidade jurídica, ou seja, não é considerado pessoa capaz de contrair direitos e obrigações, mas representa a comunhão de direitos e obrigações de propriedades de seus condôminos, ou seja, dos titulares das unidades autônomas. A finalidade da inscrição no CNPJ é apenas para facilitar os recolhimentos dos tributos.

Nosso sistema jurídico, no entanto, confere ao condomínio capacidade processual ativa e passiva. Por isso, o condomínio pode propor ação de cobrança de cotas condominiais, contratar e demitir funcionários e contratar serviços terceirizados.

Assembleias

Normalmente, as convenções do condomínio regulam três espécies de assembleias dos condôminos:

A) Assembleia geral ordinária:

É aquela que trata de assuntos ordinários (normais) do condomínio. Como exemplo, podemos citar:

- a eleição de síndico e subsíndico;
- a eleição do conselho consultivo;

- a prestação de contas;
- a aprovação do orçamento;
- o rateio das receitas e despesas, com a consequente fixação do valor da contribuição condominial.

De acordo com o art. 1.350 do Código Civil, a assembleia ordinária deverá ser realizada, ao menos, uma vez por ano. O síndico deve convocar a assembleia ordinária dos condôminos, na forma prevista na convenção. A convocação é um requisito de validade da própria assembleia. De acordo com o art. 1.354 do Código Civil, a assembleia não poderá deliberar se todos os condôminos não forem convocados para a reunião. Caso o síndico não faça a convocação, 1/4 dos condôminos poderá fazê-lo. Se a assembleia não se reunir, o juiz poderá decidir a requerimento de qualquer condômino.

B) Assembleia especial:

É aquela prevista no art. 1.349 do Código Civil, a qual tem por objeto deliberar sobre a transferência dos poderes de representação do condomínio ou das funções administrativas, pelo síndico, a uma terceira pessoa, total ou parcialmente. Da mesma forma, por meio do voto favorável da maioria absoluta (metade mais um) de seus membros, a assembleia especial poderá destituir o síndico que praticar irregularidades, não prestar contas ou não administrar convenientemente o condomínio.

Os locatários de unidades autônomas podem participar das assembleias do condomínio, desde que o proprietário não compareça à mesma. Nesse caso, o locatário poderá votar apenas nas matérias que se refiram às despesas ordinárias do condomínio. O mesmo não é válido em relação às demais matérias constantes da ordem do dia – por exemplo, deliberação de despesas extraordinárias –, exceto se o locatário tiver procuração específica para tanto, outorgada pelo proprietário da unidade. Há entendimentos de que os locatários, por se encontrarem temporariamente ligados ao imóvel, não teriam verdadeiro interesse em resolver questões que afetariam permanentemente a situação do condomínio.

C) Assembleia geral extraordinária:

É utilizada para matérias urgentes ou extraordinárias, em que não é possível aguardar o transcorrer do ano para apreciação dos condôminos. Por exemplo, a realização de obras emergenciais, a restauração da fachada e a substituição dos elevadores.

Nada impede que, na ordem do dia de uma assembleia geral ordinária, possa ser decidida matéria urgente, de caráter extraordinário, desde que haja quórum para tanto. Caso a lei ou a convenção não estabeleça um quórum especial para determinada deliberação, as decisões serão sempre tomadas, em primeira convocação, pela maioria simples dos condôminos presentes à assembleia, que representem, no mínimo, 50% das frações ideais da totalidade do condomínio. Em segunda convocação, a assembleia poderá deliberar por maioria dos votos dos presentes (arts. 1.352 e 1.353).

O art. 1.351 do Código Civil estabelece quórum qualificado de 2/3 dos votos dos condôminos para a alteração da convenção condominial e de unanimidade dos condôminos para a mudança da destinação do edifício ou da unidade imobiliária.

Deveres e direitos dos condôminos

Segundo o disposto no art. 1.336 do Novo Código Civil, os principais deveres dos condôminos são:

- contribuir para as despesas do condomínio na proporção de suas frações ideais, salvo disposição em contrário na convenção.
- não realizar obras que comprometam a segurança da edificação.
- não alterar a forma e a cor da fachada, das partes e das esquadrias externas.
- dar a suas partes a mesma destinação que tem a edificação, e não as utilizar de maneira prejudicial ao sossego, à salubridade e à segurança dos possuidores, ou aos bons costumes.

Quando a unidade estiver locada, caberá ao locatário o pagamento das despesas ordinárias – necessárias à administração do edifício, ou seja, rotineiras – e ao locador, das despesas extraordinárias de condomínio (aquelas relativas à estrutura do edifício).

Caso haja débitos condominiais em aberto, por ser uma obrigação que segue o imóvel, se este for transferido a terceiros, tais débitos passarão a ser de responsabilidade do adquirente. Não é válido o argumento de que os débitos foram gerados antes de sua aquisição.

Também é permitida a cobrança de multa por atraso no pagamento, a qual deverá ser de até 2% sobre o valor do débito, com juros moratórios dentro do convencionado. Na ausência de estipulação, os juros são de 1% ao mês. Esses débitos poderão ser cobrados judicialmente.

O parágrafo 2º do art. 1.336 prevê ainda a possibilidade de imposição de multa de até cinco vezes o valor da cota condominial para aquele condômino que descumprir com os deveres indicados nesses itens. Da mesma forma, o art. 1.337 faculta a imposição de multa de até cinco vezes o valor da cota condominial para o condômino que, reiteradamente – constantemente –, não cumpre com seus deveres perante o condomínio, bem como de multa de até 10 vezes o valor da cota para o condômino que, em razão de seu comportamento antissocial, torna incompatível sua convivência com os demais condôminos. Recentemente, no entanto, foram aprovadas, em São Paulo e no Rio de Janeiro, leis estaduais que permitem o protesto da cota condominial em atraso.

A cobrança das multas previstas no parágrafo 2º do art. 1.336 e no art. 1.337 deve estar prevista na convenção condominial ou deve ser aprovada em assembleia geral dos condôminos, com quórum especial para tanto.

Segundo o disposto no art. 1.335 do Novo Código Civil, os condôminos têm os direitos de:

- usar, fruir e dispor, livremente, de suas unidades;
- usar as partes comuns, conforme sua destinação, contanto que não exclua a utilização pelos demais condôminos;
- votar nas deliberações da assembleia e delas participar – desde que estejam com o pagamento de suas cotas condominiais em dia.

Extinção do condomínio

Diversamente do condomínio tradicional, o condomínio edilício é marcado por uma indivisibilidade essencial. Em regra, o condomínio edilício é constituído para durar perpetuamente, diferentemente do condomínio voluntário.

Não são poucas, no entanto, as causas que podem determinar o fim do condomínio. As mais importantes são: a desapropriação do edifício, o perecimento do objeto (como incêndio ou destruição) e a alienação de todo o edifício, aprovada pela unanimidade dos condôminos.

Se a destruição for parcial, a parte atingida deverá ser reconstruída – a menos que o titular da propriedade assim não desejar. Havendo desapropriação – uma das formas de intervenção do Estado na propriedade privada –, o valor total da indenização será repartido entre os condôminos, observando-se o valor das unidades autônomas.

Incorporação imobiliária

Definição

A incorporação imobiliária é regida pela Lei nº 4.591, de 16 de dezembro de 1964.[52] De acordo com o parágrafo único do art. 28 da Lei nº 4.591/64, a incorporação imobiliária é conceituada como:

> *Parágrafo único. Para efeito desta lei, considera-se incorporação imobiliária a atividade exercida com o intuito de promover e realizar a construção, para alienação total ou parcial, de edificações ou conjunto de edificações compostas de unidades autônomas.*

Nas incorporações imobiliárias, o incorporador vende frações ideais do terreno vinculadas às acessões das unidades autônomas (apartamentos, casas, salas, lojas, etc.), a serem construídas ou já em construção. Dessa forma, são obtidos os recursos necessários à implementação da edificação.

---

[52] BRASIL. Congresso Nacional. Lei nº 4.591, de 16 de dezembro de 1964. *Diário Oficial da União*, Brasília, DF, 21 dez. 1964. Disponível em: <www.planalto.gov.br/ccivil_03/LEIS/L4591.htm>. Acesso em: 9 set. 2013.

Incorporador

Quem é o incorporador? Segundo o art. 29 da Lei nº 4.591/64:[53]

> *Considera-se incorporador a pessoa física ou jurídica, comerciante ou não, que embora não efetuando a construção, compromisse ou efetive a venda de frações ideais de terreno objetivando a vinculação de tais frações a unidades autônomas, em edificações a serem construídas ou em construção, sob o regime condominial, ou que meramente aceite propostas para efetivação de tais transações, coordenando e levando a termo a incorporação e responsabilizando-se, conforme o caso, pela entrega, a certo prazo, preço e determinadas condições, das obras concluídas.*

O incorporador deve se enquadrar nos requisitos impostos pelo art. 31 da Lei nº 4.591/64. Desse modo, o incorporador será o proprietário do terreno, seu promitente comprador, cessionário ou promitente cessionário do terreno, com título celebrado em caráter irrevogável e irretratável, além do construtor ou do corretor, na qualidade de procurador do proprietário do terreno.

Além daquelas previstas em lei, são obrigações do incorporador:

- transferir a fração ideal alienada;
- outorgar a escritura definitiva de venda da fração ideal do terreno, transmitindo o domínio, juntamente com as acessões relativas à unidade autônoma;
- promover a construção do edifício dividido em unidades autônomas, diretamente ou por meio de construtora contratada;
- fixar as condições da construção;
- entregar aos adquirentes as unidades que compraram, prontas e acabadas.

A condição de incorporador é extensiva aos proprietários e titulares de direitos aquisitivos que contratem a construção de edifícios destinados à constituição em condomínio, sempre que iniciarem as alienações antes da conclusão das obras (art. 30 da Lei nº 4.591/64).

---

[53] BRASIL. Congresso Nacional. Lei nº 4.591, de 16 de dezembro de 1964. *Diário Oficial da União*, Brasília, DF, 21 dez. 1964. Disponível em: <www.planalto.gov.br/ccivil_03/LEIS/L4591.htm>. Acesso em: 9 set. 2013.

Para que seja possível efetivar a alienação de unidades em construção ou a serem construídas – ou seja, que ainda não existem fisicamente –, é indispensável o registro da incorporação imobiliária no Registro Geral de Imóveis competente, com a individualização das unidades da edificação a ser construída. Para tanto, faz-se necessário o registro do memorial de incorporação.

Os documentos referentes ao incorporador e ao projeto são integrantes do memorial de incorporação.

Assim, o memorial de incorporação é o conjunto dos documentos enumerados no art. 32 da Lei nº 4.591/64, referentes ao imóvel, ao incorporador e ao empreendimento:

- título aquisitivo do imóvel;
- projeto de construção do empreendimento aprovado pelas autoridades competentes;
- memorial descritivo, com as especificações do empreendimento;
- discriminação das frações ideais de terreno, com as unidades autônomas a elas correspondentes;
- minuta da futura convenção do condomínio edilício.

De acordo com a Lei nº 4.591/64, o oficial do Registro de Imóveis, ao registrar e arquivar os documentos relacionados no art. 32, terá o prazo de 15 dias para fornecer certidão que relacione a documentação apresentada.

O incorporador responderá por crime contra a economia popular, em caso de afirmações falsas sobre a constituição, alienação ou construção das edificações. Esse crime será punível com reclusão de um a quatro anos e multa de cinco a 50 vezes o salário mínimo nacional (art. 65 da Lei nº 4.591/64).

Ademais, o art. 66 da Lei nº 4.591/64 estabelece que a negociação de frações ideais de terreno em desconformidade com as disposições legais do art. 32 constitui contravenção penal relativa à economia popular, punível com multa de cinco a 20 vezes o salário mínimo nacional.

O incorporador pode estabelecer um prazo de carência de, no máximo, 180 dias para a incorporação. Durante o prazo de 180 dias contados do registro do memorial de incorporação, o incorporador poderá desistir da incorporação imobiliária, restituindo aos adquirentes as importâncias pagas no prazo de 30 dias contados da denúncia da incorporação.

A inclusão desse tipo de cláusula de carência é razoavelmente comum, especialmente em tempos de incerteza econômica ou jurídica. Em tempos de incerteza, o incorporador não pode determinar, com razoável exatidão, qual demanda encontrará para o produto objeto da incorporação.

Patrimônio de afetação

A incorporação imobiliária sempre mereceu a atenção do legislador a fim de proteger os adquirentes das unidades imobiliárias em construção. Esses adquirentes acabam por financiar, na maioria dos casos, a construção de seus imóveis.

Enquanto não estiver concluída a construção e não tiver sido pago o preço pelos adquirentes, ainda não terá ocorrido a transferência do domínio das unidades para os adquirentes. Desse modo, as unidades continuam a pertencer ao patrimônio geral do incorporador e podem, portanto, vir a satisfazer outros credores do incorporador – como as dívidas trabalhistas e tributárias –, à luz do princípio de que o patrimônio de uma pessoa é a garantia geral de seus credores.

Portanto, o grande "fantasma" que sempre assombrou os adquirentes dos imóveis na planta é a falência do incorporador. A fim de proteger os adquirentes de imóveis em construção, a Lei nº 10.931, de 2 de agosto de 2004,[54] incluiu os arts. 31-A a 31-F na Lei nº 4.591/64. Esses artigos preveem a possibilidade de instituição de um patrimônio de afetação sobre determinada incorporação imobiliária.

Pela lógica do patrimônio de afetação, o imóvel em construção ficaria em um patrimônio separado do restante do patrimônio do incorporador, respondendo apenas pelas dívidas relativas à sua construção. Essa medida visa proteger o adquirente para que, ao final da construção, ele receba seu imóvel.

A incorporação imobiliária submetida ao patrimônio de afetação é aquela na qual, a critério do incorporador, seu terreno e suas acessões – isto é, as construções, bem como os demais bens e direitos a ela vinculados –, ficam segregados do patrimônio do incorporador. O objetivo

---

[54] BRASIL. Congresso Nacional. Lei nº 10.931, de 2 de agosto de 2004. *Diário Oficial da União*, Brasília, DF, 3 ago. 2004. Disponível em: <www.planalto.gov.br/ccivil_03/_ato2004-2006/2004/lei/l10.931.htm>. Acesso em: 9 set. 2013.

da medida é atingir uma finalidade específica, qual seja, a construção e a entrega das unidades imobiliárias aos respectivos adquirentes. Nesse caso, o imóvel e suas acessões só responderão pelas dívidas e obrigações relativas àquela construção, sem se comunicar com o restante do patrimônio do incorporador.

O grande benefício decorrente da medida prevista no art. 31-A da Lei nº 4.591/64 é que, em caso da falência do incorporador, as obras que sejam submetidas ao patrimônio de afetação não respondem perante os demais credores do incorporador falido, mas, tão somente, perante os compradores das unidades daquele edifício em construção e de eventual agente financiador daquela obra.

O patrimônio de afetação pode ser construído, a qualquer tempo, mediante a averbação no Registro de Imóveis competente, de termo firmado pelo incorporador e pelos titulares de direitos aquisitivos sobre o terreno, se for o caso.

Os demais artigos da Lei nº 4.591/64 estabelecem todos os procedimentos próprios da incorporação imobiliária submetida ao patrimônio de afetação.

Código de Defesa do Consumidor

A Lei nº 8.078, de 11 de setembro de 1990, o Código de Defesa do Consumidor (CDC),[55] tem, como pressuposto, a vulnerabilidade do consumidor nas relações de consumo. O consumidor é tido como o lado mais fraco da relação, seja em razão de seu poder econômico, seja em razão de seu conhecimento técnico.

Com o intuito de manter o equilíbrio entre as partes nas relações de consumo, o CDC confere uma série de proteções ao consumidor, visando evitar que o lado mais forte sempre prevaleça (nesse caso, os fornecedores). Os contratos de incorporação imobiliária, logicamente, não poderiam fugir a essa regra, na medida em que, em sua maioria, apresentam-se na forma de contratos de adesão.

---

[55] BRASIL. Congresso Nacional. Lei nº 8.078, de 11 de setembro de 1990. *Diário Oficial da União*, Brasília, DF, 12 set. 1990. Disponível em: <www.planalto.gov.br/ccivil_03/LEIS/L8078.htm>. Acesso em: 9 set. 2013.

Nos contratos de adesão, o comprador de um imóvel em construção coloca-se em posição de inferioridade em relação ao vendedor (incorporador), visto que os contratos de adesão têm, como característica marcante, a impossibilidade de se negociar com liberdade o conteúdo do acordo.

O conceito de fornecedor que consta do art. 3º do CDC[56] se encaixa perfeitamente na figura do incorporador:

> *Art. 3º Fornecedor é toda pessoa física ou jurídica, pública ou privada, nacional ou estrangeira, bem como os entes despersonalizados, que desenvolvem atividade de produção, montagem, criação, construção, transformação, importação, exportação, distribuição ou comercialização de produtos ou prestação de serviços.*

O conceito de fornecedor abrange todos aqueles que ofertam bens ou serviços no mercado de consumo – incluindo, indubitavelmente, o incorporador imobiliário.

Para fecharmos o entendimento acerca da possibilidade de se aplicar o CDC às incorporações imobiliárias, resta verificar se o adquirente ou comprador da unidade imobiliária em construção também pode ser equiparado a consumidor. Vejamos a definição de consumidor trazida no art. 2º do CDC:[57] "Consumidor é toda pessoa física ou jurídica que adquire ou utiliza produto ou serviço como destinatário final".

Dessa forma, caso o adquirente seja considerado um consumidor, a incorporação imobiliária pode ser caracterizada como uma relação de consumo, na qual o incorporador é o fornecedor e as unidades em construção, o produto. Desse modo, seriam diretamente aplicáveis várias normas constantes do CDC.

Revisão do contrato

O grande benefício e instrumento de proteção ao consumidor que podemos destacar na aplicação do CDC nos contratos de incorporação

---

[56] BRASIL. Congresso Nacional. Lei nº 8.078, de 11 de setembro de 1990. *Diário Oficial da União*, Brasília, DF, 12 set. 1990. Disponível em: <www.planalto.gov.br/ccivil_03/LEIS/L8078.htm>. Acesso em: 9 set. 2013.
[57] Ibid.

imobiliária é a ideia da flexibilização do *pacta sunt servanda* nos casos previstos no art. 6º, inc. V, e no art. 51, parágrafo 2º. Esses casos admitem a revisão do contrato caso seja verificada a presença de cláusulas abusivas ao direito do consumidor ou em razão de fatos supervenientes que o tornem excessivamente oneroso para o consumidor.

O CDC determina a nulidade de cláusulas que:

- excluam ou reduzam a responsabilidade do fornecedor por vício do produto;
- subtraiam do consumidor a opção de reembolso da quantia paga, nos casos previstos no CDC;
- transfiram a responsabilidade do fornecedor a terceiros;
- estabeleçam obrigações consideradas iníquas, abusivas ou que coloquem o consumidor em desvantagem exagerada;
- permitam ao fornecedor variar o preço do produto, entre outras.

Cláusula penal ou multa

Em observância aos princípios de boa-fé e função social dos contratos, o contrato de incorporação celebrado à luz do Código de Defesa do Consumidor deverá prever cláusula penal – multa, isto é, penalidade ajustada entre as partes para o descumprimento de uma obrigação – que não seja excessivamente onerosa para o adquirente.

O contrato de incorporação também deverá ter a previsão de cláusula penal contra o incorporador em caso de descumprimento contratual. Por exemplo, a cláusula penal contra o incorporador que atrasa a entrega da obra deve ser, em regra, na mesma proporção da multa que vier a ser estabelecida para a hipótese de não devolução do imóvel por parte do adquirente inadimplente em caso de resolução ou término do contrato.

Nesse cenário e seguindo orientação doutrinária e jurisprudencial, as empresas incorporadoras vêm adaptando seus contratos, merecendo referência os Termos de Compromisso de Ajuste de Conduta que a Associação dos Dirigentes do Mercado Imobiliário (Ademi) e o Sindicato das Empresas de Construção, Compra e Venda e Administração de Imóveis (Secovi) firmaram com o Ministério Público de alguns estados, contemplando limitações nas estipulações de cláusulas penais, obrigatoriedade de fornecimentos de manuais de conservação e utilização dos imóveis, observância rigorosa da obrigação de arquivamento de memorial de incorporação, entre outras, com destaque para as seguintes estipulações:

- as multas por atraso de pagamento não poderão ser superiores a 2% do valor da parcela atrasada, salvo alteração na legislação em vigor;
- a incorporadora não iniciará a negociação das unidades antes de registrado o memorial de incorporação;
- em caso de rescisão contratual antes da entrega da unidade, não haverá cláusula penal superior a 10% do valor do contrato, nem superior ao valor já pago pelo adquirente;
- na hipótese de rescisão por culpa do adquirente, os valores que excederem a 10% do valor do contrato serão devolvidos, observando-se a mesma periodicidade e índice contratual utilizados nos pagamentos efetuados pelo consumidor;
- não haverá cláusula restritiva da responsabilidade civil por eventuais vícios da construção;
- não haverá cobrança de juros durante a obra;
- os juros não poderão exceder a 12% ao ano, calculados pela tabela *Price*;
- deverá haver cláusula que informe a possibilidade de vir a ser contratado qualquer tipo de financiamento para a construção, que exijam garantias, como a hipoteca da própria unidade;
- os instrumentos particulares de contrato de incorporação deverão conter os requisitos mínimos que possibilitem seu registro no Registro de Imóveis;
- estando o empreendimento hipotecado, o cancelamento da hipoteca sobre a unidade do adquirente deverá ser feito no prazo de 180 dias da entrega das chaves, no caso de unidade quitada, ou, então, da quitação, o que ocorrer por último. Após esse prazo, o incorporador fica sujeito à multa na mesma proporção da multa por atraso na entrega da obra.

Fato do produto e vício do produto

Mesmo após o término do contrato, sobrevive a aplicação do CDC à relação constituída entre incorporador e adquirente, ainda que haja a entrega dos imóveis aos adquirentes dentro do prazo contratual, em estrita observância aos termos contratados, com cumprimento e quitação das obrigações contraídas pelas partes – por parte do incorporador, entregar a unidade e, por parte do adquirente, pagar o preço.

Portanto, o incorporador é responsável pelos danos que o consumidor venha a sofrer em razão do fato do produto ou do vício do produto:

- fato do produto – é o defeito de qualidade ou quantidade que, além de comprometer a servibilidade do produto, oferece risco, de qualquer maneira que seja, à segurança do consumidor ou de terceiros.
- vício do produto – é o defeito que compromete a prestabilidade ou servibilidade do imóvel ofertado.

O imóvel está em desconformidade entre a prestação – construção e entrega da unidade – e a contraprestação – pagamento do preço estipulado. Como exemplo, podemos destacar a pintura, o revestimento e o funcionamento das instalações elétricas ou hidráulicas, que diminuem o valor patrimonial do imóvel. O defeito também pode se verificar se o imóvel apresentar dimensão em mais de 5% do anunciado ou ofertado (art. 500 do Código Civil de 2002). Em qualquer dos casos, a responsabilidade do incorporador é objetiva – ou seja, independe da demonstração de culpa.

Eis os prazos para o adquirente reivindicar do incorporador a reparação pelos danos sofridos:

- fato do produto – cinco anos contados da data do conhecimento do dano (art. 27 do CDC);
- vício do produto – que poderia ser facilmente constatado, tratando-se de imóvel – 90 dias.

Aplicação das regras

A aplicação das regras do CDC aos contratos de incorporação imobiliária é inequívoca, com respaldo em três características que configuram a relação entre o incorporador e o adquirente:

- o contrato de adesão coloca o adquirente em uma posição vulnerável frente ao incorporador;
- o incorporador é considerado como fornecedor de bens e serviços;
- o adquirente torna-se consumidor quando o bem imóvel é destinado a seu uso, como destinatário final.

Loteamento

Definição

A Lei nº 6.766/79[58] dispõe sobre o parcelamento ou a divisão do solo urbano. Essa lei estabelece que o parcelamento poderá ser feito mediante loteamento ou desmembramento.

Não há, na lei, qualquer diferenciação entre os parcelamentos destinados a atividades comerciais ou atividades residenciais. O próprio Superior Tribunal de Justiça[59] assim já decidiu: "A Lei 6.766/79 disciplinadora dos parcelamentos do solo não distingue aqueles destinados à indústria, ao comércio, às residências de luxo ou às casas populares, homenageando sempre os valores urbanísticos e ecológicos".

Vejamos a diferença entre loteamento e desmembramento:

- loteamento – de acordo com o art. 2º, parágrafo 1º da Lei nº 6.766/79, é a subdivisão de gleba em lotes destinados a edificação, com abertura de novas vias de circulação, de logradouros públicos ou prolongamento, modificação ou ampliação das vias existentes. Os conceitos presentes no loteamento serão de grande importância quando da análise dos chamados condomínios fechados;
- desmembramento – conforme o art. 2º, parágrafo 2º da Lei nº 6.766/79, é a subdivisão de gleba em lotes destinados a edificação, com aproveitamento do sistema viário existente, desde que não implique a abertura de novas vias e logradouros públicos, nem o prolongamento, a modificação ou a ampliação dos já existentes.

---

[58] BRASIL. Congresso Nacional. Lei nº 6.766, de 19 de dezembro de 1979. *Diário Oficial da União*, Brasília, DF, 20 dez. 1979. Disponível em: <www.planalto.gov.br/ccivil_03/Leis/L6766.htm>. Acesso em: 9 set. 2013.

[59] BRASIL. Superior Tribunal de Justiça. Recurso Especial nº 247.261, SP 2000/0009912-0, 2ª Turma, Rel. Min. Francisco Peçanha Martins, DJ, 16 jun. 2003. Disponível em: <stj.jusbrasil.com/jurisprudencia/240622/recurso-especial-resp-247261-sp-2000-0009912-0>. Acesso em: 9 set. 2013.

O que distingue o loteamento do desmembramento é, basicamente, a existência, no loteamento, de dois conceitos que inexistem no desmembramento: a criação de espaços para áreas públicas e a criação ou a ampliação do sistema viário.

Lote e infraestrutura

O loteamento presume a divisão de uma grande área de terras em lotes. Segundo o art. 2º, parágrafo 4º, da Lei nº 6.766/79,[60] lote é "o terreno servido de infraestrutura básica cujas dimensões atendam aos índices urbanísticos definidos pelo plano diretor ou Lei municipal para a zona em que se situe".

Quanto à infraestrutura, o art. 2º, parágrafo 5º, da Lei nº 6.766/79, define que são os equipamentos urbanos de escoamento das águas pluviais, iluminação pública, redes de esgoto e saneamento e abastecimento de água potável e de energia elétrica pública e domiciliar e as vias de circulação, pavimentadas ou não.

Cabe ao parcelador do solo a obrigação de realizar as obras de infraestrutura do parcelamento – seja loteamento ou desmembramento. A responsabilidade do parcelador se depreende da seguinte decisão do Superior Tribunal de Justiça:[61]

> 1. Embora conceitualmente distintas as modalidades de parcelamento do solo, desmembramento e loteamento, com a Lei 9.875/99, que alterou a Lei de Parcelamento do Solo – Lei 6.766/79, não mais se questiona as obrigações do desmembrador ou do loteador. Ambos são obrigados a cumprir as regras do plano diretor.
>
> 2. As obras de infraestrutura de um loteamento são debitadas ao loteador, e quando ele (o loteamento) é oficialmente aprovado, solidariza-se o Município.

---

[60] BRASIL. Congresso Nacional. Lei nº 6.766, de 19 de dezembro de 1979. *Diário Oficial da União*, Brasília, DF, 20 dez. 1979. Disponível em: <www.planalto.gov.br/ccivil_03/Leis/L6766.htm>. Acesso em: 9 set. 2013.

[61] BRASIL. Superior Tribunal de Justiça. *Recurso Especial nº 263.603*, SP 2000/0060139-0, 2ª Turma, Rel. Min. Eliana Calmon, DJ, 24 maio 2004. Disponível em: <stj.jusbrasil.com/jurisprudencia/7328450/recurso-especial-resp-263603-sp-2000-0060139-0>. Acesso em: 9 set. 2013.

Função do loteador

Da mesma forma que ocorre nas incorporações imobiliárias, o loteador também é obrigado a registrar o memorial de loteamento no Cartório do Registro de Imóveis competente.

O memorial de loteamento consiste em uma série de documentos relativos ao imóvel, à pessoa do loteador e ao próprio empreendimento. Os documentos previstos no memorial de loteamento se encontram listados no art. 18 da Lei nº 6.766/79.

Uma vez registrado o loteamento perante o Registro de Imóveis competente, todas as vias de circulação, praças, espaços livres e destinados a equipamentos urbanos, constantes do projeto e do memorial descritivo do loteamento passam a pertencer ao domínio do município, conforme disposto no art. 22 da Lei nº 6.766/79. Em um loteamento, tudo aquilo que não é lote ou área de propriedade privada do loteador, em tese, passa a pertencer ao domínio público municipal a partir do registro do memorial.

Competência para legislar

Outro aspecto de relevante interesse na análise dos loteamentos é a definição da competência para legislar sobre o parcelamento do solo urbano. O município possui competência legal para aprovar os projetos de loteamento. A doutrina é igualmente enfática, como ilustra esta passagem de autoria de Hely Lopes Meirelles:[62]

> *[...] a competência municipal expressa e exclusiva [...] afasta qualquer outra competência sobre o assunto, seja ela federal ou estadual. A manifestação expressa e privativa da competência do Município repele a de qualquer outra entidade estatal, poder, órgão ou autarquia. Qualquer ingerência estranha na competência municipal será inconstitucional e afastável por via judicial.*

---

[62] MEIRELLES, Hely Lopes. *Direito municipal brasileiro*. 8. ed. São Paulo: Malheiros, 1996. p. 121.

Na Lei nº 6.766/79, há disposição expressa no sentido de que, em casos específicos, cabe ao Estado disciplinar essa aprovação. A Constituição Federal de 1988,[63] posterior à vigência da Lei nº 6.766/79, no ápice de sua hierarquia normativa, garante a autonomia municipal. A CF confere ao município, no art. 30, inc. VIII, a competência para planejar e controlar o uso, o parcelamento e a ocupação do solo urbano, tendo em vista o interesse local.

Aproveitamento do solo

O loteamento deverá obedecer aos requisitos fixados pelo art. 4º da Lei nº 6.766/79, especialmente quanto às regras de aproveitamento do solo e ocupação das áreas do loteamento. A obediência aos requisitos fixados pelo art. 4º inclui metragens mínimas e máximas dos lotes que são também de competência dos municípios.

O loteamento é uma das formas de se realizar um empreendimento imobiliário, utilizado, normalmente, para grandes áreas em que é necessária a urbanização – com a construção de redes de água, luz, esgoto, ruas, calçadas.

Condomínios fechados

Existem duas formas de se constituir os chamados *condomínios fechados*:

- loteamento convencional – a primeira modalidade se define como aquele loteamento convencional, aprovado em conformidade com a Lei nº 6.766/79. Esse loteamento, com ou sem aprovação da prefeitura municipal, é cercado e murado, impedindo-se a livre circulação das pessoas pelos espaços públicos existentes na área loteada – ruas, praças, área verdes, etc.;
- condomínios horizontais – outra modalidade de condomínio fechado são aqueles constituídos sob a égide do art. 8º da Lei nº 4.591/64. Esses

---

[63] BRASIL. Congresso Nacional. Constituição da República Federativa do Brasil de 1988, de 5 de outubro de 1988. *Diário Oficial da União*, Brasília, DF, 5 out. 1988. Disponível em: <www.planalto.gov.br/ccivil_03/constituicao/constituicao.htm>. Acesso em: 9 set. 2013.

são os condomínios legitimamente fechados, visto que, nesse caso, as áreas internas não são áreas públicas (tal como ocorre nos loteamentos), mas sim áreas de uso comum dos condôminos. Esses condomínios fechados são também chamados de *condomínios horizontais*. Estes se contrapõem aos condomínios verticais, hoje chamados de *edifícios*. Tal como em um prédio de apartamentos, é possível cercar e colocar cancelas na entrada e na saída de um condomínio de casas, a fim de limitar a livre circulação de pessoas.

Ao comentar esse assunto, Hely Lopes Meirelles[64] assim se manifesta:

> *Loteamentos especiais estão surgindo, principalmente nos arredores das grandes cidades, visando a descongestionar as metrópoles. Para estes loteamentos não há, ainda, legislação superior específica que oriente sua formação, mas nada impede que os Municípios editem normas urbanísticas locais adequadas a essas urbanizações. E tais são os denominados "loteamentos fechados", "loteamentos integrados", "loteamentos em condomínio", com ingresso só permitido aos moradores e pessoas por eles autorizadas e com equipamentos e serviços urbanos próprios, para autossuficiência da comunidade. Essas modalidades merecem prosperar. Todavia, impõe-se um regramento legal prévio para disciplinar o sistema de vias internas (que, em tais casos, não são bens públicos de uso comum do povo) e os encargos de segurança, higiene e conservação das áreas comuns e dos equipamentos de uso coletivo dos moradores, que tanto podem ficar com a Prefeitura como com os dirigentes do núcleo, mediante convenção contratual e remuneração dos serviços por preço ou taxa, conforme o caso.*

Parcelamento de imóvel rural

Com relação ao parcelamento de imóvel rural, são aplicáveis as normas da IN 17-b, de 22 de dezembro de 1980.[65] Serão aplicáveis as regras relativas a loteamento quando o parcelamento tiver destinação urbana.

---
[64] MEIRELLES, Hely Lopes. Loteamento fechado. *RDI*, v. 9, p. 9, jan./jun. 1982.
[65] INCRA. Instrução nº 17-b, de 22 de dezembro de 1980. *Boletim de Serviço*, nº 51, 22 dez. 1980. Disponível em: <www.incra.gov.br/index.php/institucionall/legislacao--/atos-internos/instrucoes/file/95-instrucao-n-17-b-22121980>. Acesso em: 9 set. 2013.

Quando o parcelamento tiver destinação rural – seja para fins de alienação parcial de gleba ou não –, a regra mais importante é que nenhum imóvel rural pode ser desmembrado em área menor do que a fração mínima de parcelamento (FMP) determinada pelo Incra, expressa em hectares, a qual varia de cidade para cidade.

Autoavaliações

Questão 1:

Uma grande empresa do setor imobiliário deseja realizar um empreendimento constituído por 20 casas, a serem livremente escolhidas pelos adquirentes. Serão construídos três modelos de casas, determinados pela construtora, em lotes de 1.000 m² a 1.500 m².

O empreendimento será cercado por muros e cancelas, sendo restrita a circulação aos moradores e visitantes. Haverá também uma grande área de lazer, composta de piscinas, sauna, salão de festas e *playground*. As casas serão entregues prontas, no prazo de 30 meses.

Sobre a melhor forma jurídica para a constituição do referido empreendimento imobiliário, podemos afirmar que:

a) não existe lei específica que trate da espécie, de forma que a empresa poderá instituir o condomínio da melhor maneira que desejar.
b) a empresa deverá aprovar, com a Prefeitura Municipal, um projeto de loteamento, por se tratar de um projeto de urbanização, nos moldes da Lei nº 6.766/79.
c) a empresa deverá realizar um desmembramento, de forma que cada casa será construída em um lote, sem qualquer relação jurídica com os demais lotes.
d) a empresa deverá registrar o memorial de incorporação, caracterizando o empreendimento como um condomínio horizontal, de acordo com as regras do art. 8º da Lei nº 4.591/64.

Questão 2:

Existem três espécies de condomínio: o condomínio voluntário, o condomínio necessário e o condomínio edilício.

Sobre os condôminos dos condomínios edilícios, podemos afirmar que possuem como deveres:

a) usar, fruir e livremente dispor das unidades comuns.
b) realizar seguro contra danos na edificação e cuidar das estruturas do condomínio.
c) diligenciar a conservação e a guarda das partes comuns, assim como prestar contas quando for necessário.
d) não realizar obras que comprometam a segurança da edificação e dar, a suas partes, a mesma destinação que tem a edificação.

Questão 3:

Considere a hipótese em que Lia (na proporção de 30%), Afonso (na proporção de 15%) e Vera (na proporção de 55%) são coproprietários de uma casa tombada, adquirida por eles em 1980. Ocorre que Afonso, 20 anos depois, vai casar e deseja vender sua parte para comprar outro imóvel.

Com relação à dissolução do condomínio existente entre Afonso, Lia e Vera, podemos afirmar que:

a) Lia e Vera não podem adquirir a parte de Afonso, pois não poderão aumentar sua participação sobre o bem.
b) Lia e Vera terão direito de preferência na aquisição da parte de Afonso, em igualdade de condições com terceiros.
c) a dissolução do condomínio somente poderá ocorrer se a proporção entre as participações de Lia e Vera se mantiverem inalteradas.
d) tendo em vista que a natureza do bem não permite sua divisão em partes proporcionais, Afonso é obrigado a ficar como coproprietário do imóvel, até que todos decidam vender o imóvel.

Questão 4:

Sílvia alugou um apartamento para sua amiga Fabíola morar, pelo prazo de 60 meses. Na última sexta-feira, Fabíola recebeu uma carta do condomínio convocando para uma assembleia extraordinária. O objetivo da assembleia era aprovar os projetos e propostas para restauração da fachada do prédio.

Considerando que Fabíola tem total interesse em participar de tal reunião, podemos afirmar que ela:

a) não poderá participar de qualquer assembleia, pois não é condômina.
b) poderá comparecer à assembleia extraordinária, desde que Sílvia a acompanhe.
c) poderá participar da assembleia, se Sílvia não comparecer e lhe der procuração.
d) não poderá comparecer às assembleias extraordinárias e especiais, podendo apenas comparecer às assembleias ordinárias.

Questão 5:

Sabemos que o incorporador deve respeitar os requisitos impostos pelo art. 31 da Lei nº 4.591/64.

Sobre os requisitos determinados por lei, quanto à figura do incorporador, podemos afirmar que:

a) o promitente comprador do terreno não pode ser incorporador, por falta de qualificação.
b) somente as pessoas jurídicas que atuam no mercado imobiliário podem ser incorporadoras.
c) o construtor ou corretor – na qualidade de procurador do legítimo proprietário do terreno – podem ser o incorporador.
d) o incorporador poderá ser o cessionário ou o promitente cessionário do terreno, ainda que o título aquisitivo tenha sido celebrado com cláusula de arrependimento.

Questão 6:

Os arts. 31-A a 31-F da Lei nº 4.591/64 preveem a possibilidade de instituição de um patrimônio de afetação sobre determinada incorporação imobiliária.

Desse modo, podemos afirmar que o patrimônio de afetação:

a) somente garante a instituição financeira que financiar aquela construção.
b) garante a construção e a entrega das unidades imobiliárias aos respectivos adquirentes.
c) garante, ao empreendimento submetido a ele, todas as dívidas tributárias do incorporador.
d) possui personalidade jurídica distinta da personalidade do incorporador e garante a instituição financeira que financiar aquela construção.

Questão 7:

São considerados incorporadores os proprietários e titulares de direitos aquisitivos que contratem a construção de edifícios destinados à constituição em condomínio, sempre que iniciarem as alienações antes da conclusão das obras.

Desse modo, podemos afirmar que a alienação de unidades imobiliárias em construção:

a) depende da concessão do habite-se, emitido pela Prefeitura Municipal competente.
b) apenas poderá ocorrer após a elaboração da competente convenção de condomínio.
c) só poderá ser iniciada depois da conclusão da construção de 25% do empreendimento – conforme previsto no respectivo projeto.
d) sem o devido registro do memorial de incorporação, perante o Cartório de Registro de Imóveis competente, constitui contravenção penal.

Questão 8:

A Lei nº 6.766/79 dispõe sobre o parcelamento ou a divisão do solo urbano e estabelece que o parcelamento poderá ser feito mediante loteamento ou desmembramento.

Com relação ao loteamento, podemos afirmar que:

a) não é permitida a criação de espaços para áreas públicas, tampouco a criação ou a ampliação do sistema viário.
b) pode ser feito de forma discricionária, pelo loteador, que determinará a metragem dos lotes, a seu exclusivo critério.
c) assim como nos condomínios edilícios, nos loteamentos, as praças e as vias de circulação são áreas comuns dos titulares de lotes.
d) consiste na subdivisão de gleba em lotes destinados à edificação, com abertura de novas vias de circulação, de logradouros públicos, modificação ou ampliação das vias existentes.

Questão 9:

O Código de Defesa do Consumidor (CDC) tem como pressuposto a vulnerabilidade do consumidor nas relações de consumo.

Sobre a aplicação do CDC aos contratos de incorporação imobiliária, podemos afirmar que:

a) os contratos relativos à incorporação imobiliária estão sujeitos às regras do CDC.
b) o incorporador não tem qualquer responsabilidade por vícios existentes na construção do prédio.
c) o incorporador não pode ser considerado como fornecedor, para os fins e efeitos da aplicação do CDC.
d) nos contratos de compra e venda de unidades em construção, o incorporador pode estabelecer que, no caso de rescisão, o adquirente perderá todo o valor pago.

Questão 10:

Lúcia e Isabel são irmãs e receberam, por doação, um apartamento localizado no edifício Morar Bem. Ambas são proprietárias, em condomínio, do referido imóvel.

Dessa forma, podemos afirmar que o tipo de condomínio aqui referido é o:

a) condomínio edilício.
b) condomínio fechado.
c) condomínio voluntário.
d) condomínio necessário.

Módulo III – Investimentos imobiliários

Módulo III – Investimentos imobiliários

Neste módulo, analisaremos diferentes formas de investimento no ramo imobiliário sem que, necessariamente, haja a compra direta de imóveis, mas sim de títulos lastreados – embasados – por créditos imobiliários, que é o caso das cédulas de crédito imobiliário e dos certificados de recebíveis imobiliários, ou de cotas de fundos de investimentos dedicados exclusivamente ao desenvolvimento de empreendimentos imobiliários.

Analisaremos também as principais garantias constituídas sobre imóveis e que são normalmente utilizadas no âmbito das operações de financiamento imobiliário, como é o caso da hipoteca e da alienação fiduciária.

Cédula de crédito imobiliário

Título de crédito

A cédula de crédito é:

> [...] *um título de crédito, representando uma promessa direta de pagamento ou promessa de entrega de produtos, com ou sem garantia real ou fidejussória, constituída cedularmente, representada por hipoteca, penhor, alienação fiduciária ou aval.*[66]

As cédulas de créditos não dependem de escritura pública para sua constituição, mesmo quando emitida com garantia real. Para fins de formalização da garantia real ou fidejussória – a fiança que é uma espécie de garantia pessoal –, a própria cédula de crédito pode ser levada a registro.

A cédula de crédito imobiliário (CCI) é um título executivo extrajudicial que pode ser cobrado por meio de ação de execução, pelo valor que for apurado de acordo com as cláusulas constantes do contrato que lhe deu origem, conforme o art. 20 da Lei nº 10.931/2004.[67] Foi introduzida no ordenamento jurídico brasileiro, juntamente com a letra de crédito imobiliário por meio da Medida Provisória nº 2.223, de 4 de setembro de 2001.[68] A CCI é um título de crédito que representa créditos imobiliários, total ou parcialmente, e pode ser emitida por qualquer pessoa, física ou jurídica, desde que essa pessoa seja titular dos créditos imobiliários.

Quando uma CCI é cedida a um terceiro, todos os créditos que ela representa são cedidos e o titular da CCI passa a ser o novo credor dos créditos imobiliários.

---

[66] COSTA, Wille Duarte. *Títulos de créditos de acordo com o Novo Código Civil*. Belo Horizonte: Del Rey, 2003. p. 463.
[67] BRASIL. Congresso Nacional. Lei nº 10.931, de 2 de agosto de 2004. *Diário Oficial da União*, Brasília, DF, 3 ago. 2004. Disponível em: <www.planalto.gov.br/ccivil_03/_ato2004-2006/2004/lei/l10.931.htm>. Acesso em: 9 set. 2013.
[68] BRASIL. Congresso Nacional. Medida Provisória nº 2.223, de 4 de setembro de 2001. *Diário Oficial da União*, Brasília, DF, 5 set. 2001. Disponível em: <www.planalto.gov.br/ccivil_03/mpv/Antigas_2001/2223.htm>. Acesso em: 9 set. 2013.

Créditos imobiliários

A CCI é um título que tem por objetivo facilitar as operações com recebíveis imobiliários e reúne, *em um único título*, créditos decorrentes de vários contratos imobiliários, evitando que sejam celebrados vários contratos de cessão de crédito. Os créditos imobiliários podem decorrer tanto de contratos de compra e venda de imóveis como também de contratos de locação.

O art. 21 da Lei nº 10.931/2004 determina que a emissão e a negociação de CCI independem de autorização do devedor do crédito imobiliário, facilitando, dessa forma, as operações desse tipo, uma vez que a anuência dos devedores é exigida em qualquer operação de cessão de crédito, conforme o art. 290 do Código Civil.[69]

O parágrafo 5º do art. 18 da Lei nº 10.931/2004 determina que sendo o crédito imobiliário garantido por direito real, a emissão da CCI será averbada no Registro de Imóveis competente, na matrícula do respectivo imóvel.

A cessão da CCI implica também a cessão dos créditos imobiliários que ela representa, transmitindo ao cessionário, ou seja, ao titular da CCI, todas as garantias constituídas para o pagamento dos créditos.

Para melhor entendermos como ocorre a emissão de uma CCI, observemos o caso da sociedade XPTO, que é proprietária de 10 apartamentos, os quais foram vendidos a pessoas diversas para pagamento nos próximos 10 anos, sendo o valor total desses recebíveis de R$ 1 milhão. Caso a XPTO queira fazer uma antecipação desses recebíveis, cedendo-os a um banco, a XPTO poderá emitir uma CCI, no valor de R$ 1 milhão, com vencimento para os próximos 10 anos, reunindo em um só título os 10 contratos de compra e venda dos apartamentos.

Requisitos essenciais

O art. 19 da Lei nº 10.931/2004 estabelece os requisitos essenciais que, obrigatoriamente, deverão constar da CCI:

---

[69] BRASIL. Congresso Nacional. Lei nº 10.406, de 10 de janeiro de 2002. *Diário Oficial da União*, Brasília, DF, 11 jan. 2002. Disponível em: <www.planalto.gov.br/ccivil_03/leis/2002/L10406.htm>. Acesso em: 9 set. 2013.

- a denominação *cédula de crédito imobiliário*, quando emitida cartularmente;
- o nome, a qualificação e o endereço do credor e do devedor e, no caso de emissão escritural, também o do custodiante;
- a identificação do imóvel objeto do crédito imobiliário, com a indicação da respectiva matrícula no Registro de Imóveis competente e do registro da constituição da garantia, se for o caso;
- a modalidade da garantia, se for o caso;
- o número e a série da cédula;
- o valor do crédito que representa;
- a condição de integral ou fracionária e, nessa última hipótese, também a indicação da fração que representa;
- o prazo, a data de vencimento, o valor da prestação total, nela incluídas as parcelas de amortização e os juros, as taxas, os seguros e os demais encargos contratuais de responsabilidade do devedor, a forma de reajuste e o valor das multas previstas contratualmente, com a indicação do local de pagamento;
- o local e a data da emissão;
- a assinatura do credor, quando emitida cartularmente;
- a autenticação pelo oficial do Registro de Imóveis competente, no caso de contar com garantia real;
- cláusula à ordem, se endossável.

Certificados de recebíveis imobiliários (CRI)

De acordo com o art. 6º da Lei nº 9.514/97,[70] que disciplina o Sistema de Financiamento Imobiliário (SFI), o certificado de recebíveis imobiliários (CRI) é um título de crédito nominativo que é emitido por companhias securitizadoras, representando créditos imobiliários.

O art. 3º da Lei nº 9.514/97 define como companhias securitizadoras as instituições não financeiras, constituídas sob a forma de sociedade por ações, que têm por finalidade a aquisição e securitização de créditos imobiliários, bem como a emissão e colocação, no mercado financeiro,

---

[70] BRASIL. Congresso Nacional. Lei nº 9.514, de 20 de novembro de 1997. *Diário Oficial da União*, Brasília, DF, 21 nov. 1997. Disponível em: <www.planalto.gov.br/ccivil_03/leis/L9514.htm>. Acesso em: 9 set. 2013.

de CRI, podendo emitir outros títulos de crédito, realizar negócios e prestar serviços compatíveis com suas atividades. Por sua vez, securitização é uma operação de crédito caracterizada pela emissão e colocação no mercado de títulos com determinada garantia de pagamento.

O CRI é um título de livre negociação, lastreado em créditos imobiliários, e constitui uma promessa de pagamento em dinheiro. Diferentemente da CCI, o CRI só pode ser emitido por companhias securitizadas.

De acordo com o art. 7º da Lei nº 9.514/97, o CRI deverá possuir as seguintes características:

- nome da companhia emitente;
- número de ordem, local e data de emissão;
- denominação *certificado de recebíveis imobiliários*;
- forma escritural;
- nome do titular;
- valor nominal;
- data de pagamento ou, se emitido para pagamento parcelado, discriminação dos valores e das datas de pagamento das diversas parcelas;
- taxa de juros, fixa ou flutuante, e datas de sua exigibilidade, admitida a capitalização;
- cláusula de reajuste, observada a legislação pertinente;
- lugar do pagamento;
- identificação do Termo de Securitização de Créditos que lhe tenha dado origem.

Registros e negociação

O registro e a negociação do CRI são feitos por meio de sistemas centralizados de custódia e liquidação financeira de títulos privados. O CRI destina-se à realização de uma operação de securitização de recebíveis que, de acordo com o art. 8º da Lei nº 9.514/97, é a operação pela qual os créditos imobiliários são expressamente vinculados à emissão de uma série de títulos de crédito (os CRIs) mediante a celebração pela companhia securitizadora de um Termo de Securitização de Créditos, que será averbado nos Registros de Imóveis em que os respectivos imóveis estejam matriculados.

No Termo de Securitização de Créditos, deverão constar, obrigatoriamente, os seguintes requisitos:

- a identificação do devedor e o valor nominal de cada crédito que lastreie a emissão do CRI;
- a identificação dos títulos emitidos;
- a constituição de outras garantias de resgate dos títulos da série emitida, se for o caso.

Na identificação do devedor, deverá constar a individualização do imóvel a que esteja vinculado e a indicação do Cartório de Registro de Imóveis em que o imóvel esteja registrado e sua respectiva matrícula, bem como a indicação do ato pelo qual o crédito foi cedido.

Outras características do CRI são:

- data de pagamento ou, se emitido para pagamento parcelado, discriminação dos valores e das datas de pagamento das diversas parcelas;
- taxa de juros, fixa ou flutuante, e datas de sua exigibilidade, admitida a capitalização;
- cláusula de reajuste, observada a legislação pertinente;
- lugar do pagamento;
- identificação do Termo de Securitização de Créditos que lhe tenha dado origem.

Garantia

A garantia das operações de securitização de recebíveis imobiliários, representados pelos CRIs, está na possibilidade de a companhia securitizadora instituir um regime fiduciário sobre os créditos imobiliários. Da mesma forma que ocorre com o patrimônio de afetação nas incorporações imobiliárias, os créditos imobiliários, que dão lastro para aquele determinado título, ficam segregados do patrimônio da securitizadora.

Assim, os créditos imobiliários ficam exclusivamente vinculados a uma finalidade específica: a de pagar os CRIs.

Patrimônio separado

Os créditos submetidos ao regime fiduciário pela securitizadora constituem um patrimônio separado, não se confundindo com o restante do patrimônio da securitizadora. Contudo, o patrimônio separado não possui personalidade jurídica, ele continua sendo propriedade da securitizadora.

O patrimônio separado fica exclusivamente destinado a garantir o pagamento do CRI que ele lastreia, bem como garantir o pagamento dos custos de administração e das obrigações fiscais. Os créditos que compõem o patrimônio separado não respondem por qualquer dívida da securitizadora, mesmo em caso de falência, apesar de a securitizadora ficar obrigada a complementar o patrimônio, caso ele não seja suficiente para liquidar os títulos a ele vinculados. O patrimônio separado responde somente pelas obrigações relativas aos CRIs.

O regime fiduciário será instituído mediante declaração unilateral da companhia securitizadora no Termo de Securitização de Créditos. Além de conter os elementos de que trata o art. 8º da Lei nº 9.514/97, o Termo de Securitização de Créditos deverá submeter-se às seguintes condições:

- constituição do regime fiduciário sobre os créditos que lastreiem a emissão do CRI;
- constituição de patrimônio separado, integrado pela totalidade dos créditos submetidos ao regime fiduciário que lastreiem a emissão do CRI;
- afetação dos créditos como lastro da emissão da respectiva série de títulos;
- nomeação do agente fiduciário, com a definição de seus deveres, suas responsabilidades e sua remuneração, bem como as hipóteses, as condições e a forma de sua destituição ou substituição, e as demais condições de sua atuação;
- forma de liquidação do patrimônio separado.

Deveres da securitizadora

A securitizadora que instituir o regime fiduciário sobre os créditos imobiliários deverá administrar aquele patrimônio separado, manter registros contábeis independentes relacionados a cada um deles e elaborar e publicar as respectivas demonstrações financeiras. O CRI é considerado valor mobiliário e, portanto, está também submetido a regras impostas pela Comissão de Valores Mobiliários (CVM).

Fundos de investimento imobiliário

Criação e características

Os fundos de investimentos imobiliários (FII) foram criados pela Lei nº 8.668, de 25 de junho de 1993,[71] e regulamentados pela Instrução CVM nº 205, de 14 de janeiro de 1994,[72] recentemente revogada pela Instrução CVM nº 472, de 31 de outubro de 2008.[73]

As principais características dos FIIs são:

- os FIIs são condomínios fechados, e, portanto, não possuem personalidade jurídica;
- por não dispor de personalidade jurídica própria, as obrigações do FII são assumidas pelo administrador do FII em nome próprio, mas por conta do FII;
- os FIIs representam uma comunhão de recursos, dividida em cotas, cujo resgate – pagamento do valor das cotas pelo próprio Fundo – é proibido por lei;
- os recursos que compõem um FII são captados por meio do sistema de distribuição – mercado de valores mobiliários –, pela oferta pública de suas cotas;
- os FIIs podem ser constituídos por prazo determinado ou não.

---

[71] BRASIL. Congresso Nacional. Lei nº 8.668, de 25 de junho de 1993. *Diário Oficial da União*, Brasília, DF, 28 jun. 1993. Disponível em: <www.planalto.gov.br/ccivil_03/LEIS/L8668.htm>. Acesso em: 9 set. 2013.

[72] BRASIL. Comissão de Valores Mobiliários. *Instrução CVM nº 205, de 14 de janeiro de 1994*. Disponível em: <www.cvm.gov.br/asp/cvmwww/atos/exiato.asp?file=/inst/inst205consolid.htm>. Acesso em: 9 set. 2013.

[73] BRASIL. Comissão de Valores Mobiliários. *Instrução CVM nº 472, 31 de outubro de 2008*. Disponível em: <www.cvm.gov.br/port/infos/inst472press.asp>. Acesso em: 9 set. 2013.

Subscrição das cotas

A subscrição – compromisso assumido por uma determinada pessoa de tornar-se quotista daquele fundo, adquirindo e, posteriormente, pagando pelas cotas daquele fundo – das cotas de um FII somente se torna possível após seu registro na CVM, com a apresentação de prospecto, regulamento e outros documentos exigidos por lei e pela CVM. Uma vez concedido o registro do FII, o administrador do FII dispõe de um prazo de 180 dias para comprovar que um valor mínimo de recursos para o FII foi captado.

Caso a hipótese não ocorra, os recursos já captados são rateados, proporcionalmente, entre os subscritores de cotas do FII.

Pagamento das cotas

As cotas podem ser integralizadas (pagas) à vista, em moeda corrente nacional; a prazo, conforme determinado no compromisso de investimento; com imóveis ou direitos reais sobre eles; e mediante conferência de títulos e valores mobiliários ao FII, sendo que a integralização em bens e direitos deve ser feita com base em laudo de avaliação.

O subscritor das cotas de um FII não responde, pessoalmente, por qualquer obrigação legal ou contratual relativa aos imóveis e empreendimentos integrantes do FII ou do administrador. A responsabilidade do subscritor por qualquer obrigação legal ou contratual se dará apenas quanto à obrigação de pagamento das cotas que subscrever. A partir de então, sua responsabilidade passa a ser limitada ao montante investido.

Em caso de fundos destinados exclusivamente a investidores qualificados – investidores de maior porte que não necessitam de muitos esclarecimentos quanto ao investimento, tais como Fundos de Pensão –, a Instrução CVM nº 472 prevê a dispensa de diversas formalidades, como:

- a elaboração de prospecto;
- a realização de publicações;
- a elaboração de laudos de avaliação;
- a possibilidade de integralização direta de cotas de FII mediante a utilização de títulos e valores mobiliários.

Carteira dos FIIs

Com a edição da nova instrução CVM sobre a matéria, os FIIs passaram a poder aplicar seus recursos em:

- quaisquer direitos reais sobre imóveis;
- ações, debêntures, bônus, direitos e recibos de subscrição, cotas de fundos de investimento, notas promissórias e quaisquer outros valores mobiliários, desde que sua emissão ou negociação tenha sido objeto de registro ou autorização pela CVM, e que os respectivos emissores tenham atividade preponderante permitida aos FIIs;
- ações ou cotas de sociedades de propósito específico (SPE) na área imobiliária;
- cotas de fundos de investimento em participações (FIPs) com política de investimento, exclusivamente, em empresas das áreas de construção ou imobiliária;
- certificados de potencial adicional de construção (Cepacs);
- cotas de outros FIIs;
- recebíveis imobiliários e cotas de fundos de investimento em direitos creditórios (FIDCs);
- letras hipotecárias e de crédito imobiliário.

Os bens imóveis e outros direitos a serem adquiridos pelo FII deverão ser objetos de uma avaliação prévia. É admitida a manutenção de uma parte do patrimônio dos FIIs, sem limitação percentual rígida, permanentemente aplicada em cotas de fundo de investimento ou títulos de renda fixa, públicos ou privados, desde que para atender a necessidade de liquidez.

Limitações e restrições

Aos FIIs também são impostas limitações, entre as quais, as mais importantes são:

- conceder ou contrair empréstimos, adiantar rendas futuras aos quotistas ou abrir créditos sob qualquer modalidade, sendo admitida,

contudo, a realização de adiantamentos para projetos de construção, inclusive para aquisição de terreno, execução de obra ou lançamento comercial do empreendimento;
- onerar, sob qualquer forma, os ativos imobiliários ou mobiliários do FII, sendo que essa vedação não impede a aquisição pelo FII de um imóvel já onerado.

Os bens e direitos integrantes da carteira do FII, bem como seus frutos e rendimentos, estão igualmente sujeitos a restrições como:

- não integram o ativo do administrador;
- não respondem, direta ou indiretamente, por qualquer obrigação de responsabilidade do administrador;
- não compõem a lista de bens e direitos do administrador, para efeito de liquidação judicial ou extrajudicial, nem serão passíveis de execução por seus credores, por mais privilegiados que sejam;
- não podem ser dados em garantia de débito de operação do administrador.
- não podem ser objeto de constituição de quaisquer ônus reais.

Administrador dos FIIs

Nos termos da Instrução CVM nº 472, a administração do FII compreende o conjunto de serviços relacionados, direta ou indiretamente, a seu funcionamento e a sua manutenção. Esses serviços podem ser prestados pelo próprio administrador ou por terceiros por ele contratados, por escrito, em nome do fundo.

O administrador do FII deve ser, obrigatoriamente, uma instituição financeira, como bancos comerciais, bancos múltiplos com carteira de investimento ou carteira de crédito imobiliário, bancos de investimento, sociedades corretoras ou sociedades distribuidoras de valores mobiliários, e sociedades de crédito imobiliário, caixas econômicas e companhias hipotecárias.

A remuneração pelos serviços prestados pelo administrador do FII deve ser prevista em seu regulamento e pode incluir uma parcela variável, calculada em função do desempenho do fundo ou de indicador relevante – que possa ser razoavelmente comparado ao FII – para o mercado imobiliário.

Entre as diversas obrigações do administrador, está a de providenciar a averbação, no Cartório de Registro de Imóveis, das restrições determinadas pelo art. 7º da Lei nº 8.668/93.

O patrimônio do FII pertence a seus quotistas já que o FII não possui personalidade jurídica. Contudo, a lei determina que a propriedade fiduciária dos ativos dos FII é transferida ao administrador, que representará, ativa e passivamente, o FII. Portanto, os ativos do FII constituem um patrimônio separado da instituição administradora e não respondem por suas dívidas, ficando afetados aos objetivos do FII.

Garantias imobiliárias

Modalidades

A hipoteca é a espécie típica de direito real de garantia cujo objeto é um bem imóvel ou bens equiparados a imóveis, para fins exclusivos de constituição de hipoteca. Alternativamente, a Lei nº 9.514/97 criou uma outra modalidade de garantia sobre bem imóvel, a alienação fiduciária sobre imóvel.

Apesar de a alienação fiduciária estar regulada na mesma lei que criou o SFI, ela não é privativa das entidades autorizadas a atuar nesse sistema.

Embora sejam comumente utilizadas em operações de financiamento de imóveis, ou seja, quando os imóveis são comprados a prazo, a hipoteca e a alienação fiduciária sobre imóveis podem ser constituídas a fim de garantir qualquer obrigação de dar – uma determinada coisa ou dinheiro – ou de fazer.

Hipoteca

Hipoteca é um tipo de garantia real – aquela pela qual o próprio devedor, ou alguém por ele, destina todo ou parte de seu patrimônio para assegurar o cumprimento da obrigação contraída – regulada pelos arts. 1.473 a 1.505 do Código Civil. Por meio dela, o devedor disponibiliza como garantia de uma determinada obrigação um bem imóvel que será gravado em favor do credor.

Portanto, a garantia dessa obrigação é o valor do imóvel gravado pela hipoteca. O devedor hipotecário deve cuidar para que o imóvel não perca seu valor patrimonial a fim de garantir aquele credor.

De acordo com o art. 1.473 do Código Civil, podem ser objeto de hipoteca, além dos imóveis propriamente ditos, o domínio direto, o domínio útil, as estradas de ferro, os recursos naturais citados no art. 1.230 (jazidas, minas, potenciais hidrelétricos, etc.), navios, aeronaves, o direito de uso especial para fins de moradia, o direito real de uso e a propriedade superficiária.

O credor pode praticar atos de conservação do bem, visando à manutenção de seu valor originário. Caso o proprietário seja negligente com o objeto da garantia, ele poderá ser intimado, pelo credor da garantia, a cumprir as medidas necessárias, ou seja, reforçar ou substituir a garantia.

A pena para o não cumprimento será o vencimento antecipado da dívida, conforme determina o inc. I do art. 1.425 do Código Civil. As demais hipóteses de vencimento antecipado podem ser verificadas nos arts. 333 e 1.425 do Código Civil.

Como todo direito real, a hipoteca deve ser constituída por meio de escritura pública. A oponibilidade da hipoteca a terceiros fica condicionada ao registro na matrícula do imóvel, no Registro de Imóveis competente.

A hipoteca é uma garantia acessória que tem efeito coercitivo sobre o devedor, uma vez que, no caso do não cumprimento da obrigação principal, o credor da hipoteca poderá executar, judicialmente, aquele bem, a fim de reaver seu crédito.

Transferência ou posse

A hipoteca não importa na transferência da propriedade ou da posse do bem. Nesse caso, ela permanece no patrimônio do devedor hipotecário.

A hipoteca apenas grava um determinado imóvel no patrimônio do devedor hipotecário, destinando-o, prioritariamente, ao pagamento da obrigação garantida. Contudo, o proprietário do imóvel hipotecado permanece com o uso, o gozo e a livre disposição do bem. O proprietário do imóvel pode, inclusive, instituir outros ônus reais sobre o imóvel, como a servidão e o usufruto. Esses ônus não serão oponíveis ao credor hipotecário, tendo em vista a prioridade de seu direito real.

Outras hipotecas

Outras hipotecas sobre o imóvel, em favor do mesmo credor ou de outro, poderão ser constituídas.

No caso da execução, a anterioridade no registro no Cartório de Registro de Imóveis deverá ser respeitada. No caso em que for instituída mais de uma hipoteca sobre o imóvel, é importante verificar que o credor da segunda hipoteca, embora vencida, não poderá executar o imóvel antes de vencida a primeira.

O devedor também não será considerado insolvente se ele atrasar o pagamento das obrigações garantidas por hipotecas posteriores à primeira. A anterioridade na execução está prevista no art. 1.476 do Código Civil.

Prenotação

Quanto ao registro de mais de uma hipoteca, devemos verificar a regra contida no art. 1.495 do Código Civil, que estabelece que, quando for apresentado título de hipoteca que mencione a existência de uma hipoteca anterior não registrada, ela será prenotada, ou seja, o cartório fará um protocolo prévio para garantir o registro, que será concluído após uma pesquisa do cartório para verificar se o registro pode ser realizado.

O oficial do cartório, entretanto, não prosseguirá com o registro, aguardando pelo prazo de 30 dias para que a hipoteca anterior seja registrada. Caso o interessado não promova o registro da hipoteca anterior, será dada preferência no registro para a hipoteca posterior.

Venda ou alienação

O proprietário de imóvel hipotecado também pode vendê-lo ou aliená-lo sob qualquer forma. O art. 1.475 do Código Civil estabelece que a cláusula que institui a inalienabilidade do imóvel na pendência da hipoteca é nula. É possível, contudo, que se estabeleça, contratualmente, que a alienação ou oneração do imóvel hipotecado seja hipótese de vencimento antecipado da dívida garantida pela hipoteca.

Há leis específicas sobre cédulas de crédito que, ao prever a hipoteca como uma forma de garantia vedam a alienação ou oneração do bem objeto da hipoteca. Havendo adquirente de imóvel hipotecado que não tenha se obrigado, pessoalmente, a pagar a dívida aos credores hipotecários, poderá exonerar-se – ou seja, desobrigar-se – da hipoteca, abandonando o imóvel aos credores, para que eles promovam a execução, nos termos do art. 1.479 e seguintes do Código Civil.

Inadimplemento

No caso de inadimplemento pelo credor quanto ao cumprimento da obrigação principal, o credor deverá promover a execução judicial da garantia hipotecária, por meio da ação de execução, penhorando o bem e retirando do devedor hipotecante sua propriedade. Após a penhora, o imóvel é levado a leilão e vendido a terceiros, para se obter o dinheiro necessário à satisfação do crédito de credor.

Caso os recursos obtidos com a venda judicial do imóvel não sejam suficientes para quitar o crédito do credor, o devedor permanecerá obrigado com relação àquela diferença. Se os recursos forem em montante maior que o valor da dívida, o credor fica obrigado a devolver a diferença ao devedor.

Prazo da hipoteca

No que se refere ao prazo, é possível prorrogar a hipoteca por até 30 anos da data do contrato, mediante averbação requerida por ambas as partes. Desse modo, após o prazo estipulado, o contrato de hipoteca só poderá permanecer caso seja reconstituído por título e registro novos, sendo mantida sua precedência.

Modalidades da hipoteca

Em relação às modalidades de hipoteca, apresentamos cinco tipos:

- hipoteca convencional – resulta de um contrato de caráter acessório que gera outro contrato que contém a obrigação principal. Um exemplo de hipoteca convencional é aquela constituída no âmbito de um contrato de financiamento imobiliário, assegurando ao credor o cumprimento da obrigação pelo devedor.
- hipoteca legal – é a hipoteca instituída por determinação da lei, visando tutelar uma determinada classe de credores que têm seus bens administrados por terceiros que poderiam causar-lhes prejuízos ou por aqueles que foram vítimas de infrações penais. Os detalhes sobre a hipoteca legal estão elencados no art. 1.467 do Código Civil.
- hipoteca judiciária – é decorrente de sentenças em ações condenatórias de obrigação de dar dinheiro.
- hipotecas especiais – são referentes às hipotecas instituídas em navios e aeronaves, e são, portanto, instituídas em bens móveis. Os bens móveis citados nas hipotecas especiais são equiparados a imóveis exclusivamente para fins de constituição da hipoteca.
- hipoteca cedular – é a hipoteca que garante cédulas de crédito. O art. 1.486 do Código Civil trata da possibilidade de emissão de cédula hipotecária.

Extinção da hipoteca

Nos termos dos arts. 1.499 e 1.500 do Código Civil, a hipoteca extingue-se:

- pela extinção da obrigação principal – por exemplo, pagamento da dívida garantida;
- pelo perecimento da coisa;
- pela resolução da propriedade, ou seja, quando há o adimplemento de uma condição resolutiva determinada no próprio título de aquisição da propriedade, fazendo com que o devedor hipotecário perca a propriedade do imóvel;

- pela renúncia do credor à garantia hipotecária;
- pela remição, que decorre do resgate do ônus hipotecário ou do pagamento da dívida hipotecária;
- pela arrematação em leilão ou adjudicação, e pelo cancelamento no Registro de Imóveis.

Remição hipotecária

Existem quatro hipóteses de remição hipotecária:

- remição da execução – é a extinção do processo de execução que poderá ocorrer até a assinatura do auto de arrematação ou de adjudicação, com liberação do ônus real tendo em vista o pagamento integral da obrigação principal e das despesas processuais.
- remição de bens – é a preferência na aquisição que o cônjuge, os ascendentes e os descendentes do devedor têm, em igualdade de condições com terceiros, de modo que o bem permaneça no patrimônio da família.
- remição pelo adquirente – ocorre no caso em que o adquirente de imóvel hipotecado tem o prazo de 30 dias, contados da data do registro do título, para exercer o direito de resgate pelo preço mínimo equivalente ao da aquisição do imóvel. A remição pelo adquirente está prevista no art. 1.481 do Código Civil.
- remição pelo credor sub-hipotecário – é o direito que o credor de uma hipoteca registrada em momento posterior tem de quitar a primeira hipoteca no momento de seu vencimento, caso o primeiro devedor não se ofereça para pagá-la, sub-rogando-se o credor sub-hipotecário no direito real. A remição pelo credor sub-hipotecário está prevista no art. 1.478 do Código Civil.

Divisão do ônus

Se o imóvel em garantia hipotecária for loteado ou se for constituído condomínio edilício, o ônus poderá ser dividido gravando cada lote ou unidade autônoma, obedecendo à proporção entre o valor de cada um, se o credor, o devedor ou os donos o requerem ao juiz.

Com relação à divisão do ônus, recentemente, foi editada a Súmula nº 308 do Superior Tribunal de Justiça (STJ),[74] que estabelece que a hipoteca firmada entre a construtora e o agente financeiro, anterior ou posterior à celebração da promessa de compra e venda, não tem eficácia perante os adquirentes do imóvel.

Alienação fiduciária

A alienação fiduciária sobre imóveis foi introduzida em nosso sistema pela Lei nº 9.514/97 – aquela que regula o SFI. Pela alienação fiduciária, o proprietário do imóvel e devedor de qualquer obrigação, chamado *devedor fiduciante*, em garantia de seu cumprimento, transfere ao credor a propriedade resolúvel do imóvel, em caráter fiduciário, isto é, em confiança.

Por meio da alienação fiduciária, o devedor fiduciante transfere a propriedade do imóvel para o credor. Essa transferência é feita em caráter fiduciário, até que sua dívida esteja quitada. Uma vez paga a dívida, a propriedade plena volta ao devedor. Caso o devedor não pague a dívida, a propriedade plena consolida-se no credor fiduciário.

A grande vantagem da alienação fiduciária é que, caso o devedor não pague sua dívida, ele perde imediatamente a propriedade do imóvel, sem que seja necessário nenhum procedimento judicial para tanto, como ocorre na hipoteca.

A alienação fiduciária pode ser constituída por qualquer pessoa, física ou jurídica, por meio de instrumento público ou particular. Como todo direito real, a alienação fiduciária também depende, para sua constituição, de registro no Registro de Imóveis competente.

O contrato de alienação fiduciária deverá conter:

- valor do principal da dívida;
- prazos e condições do empréstimo ou do crédito garantido;
- taxa de juros e demais encargos;
- cláusula de constituição da propriedade fiduciária;

---

[74] BRASIL. Superior Tribunal de Justiça. *Súmula nº 308, de 30 de março de 2005*. DJ, 25 abr. 2005. Disponível em: <www.dji.com.br/normas_inferiores/regimento_interno_e_sumula_stj/stj__0308.htm>. Acesso em: 9 set. 2013.

- cláusula assegurando ao devedor fiduciante, enquanto estiver em dia com a obrigação garantida, a livre utilização do imóvel, por sua conta e risco;
- indicação do valor do imóvel para fins de leilão;
- cláusula dispondo sobre a venda do imóvel, pelo credor fiduciário, em caso de não pagamento da dívida garantida.

Posse do imóvel

No que se refere à posse do imóvel objeto de alienação fiduciária, a lei determina que, ao se instituir a propriedade fiduciária em favor do credor, há o desdobramento da posse. A posse indireta (posse jurídica do imóvel) é transferida ao credor e o devedor permanece na posse direta (posse física) do imóvel.

Dessa forma, o devedor fiduciante continua podendo utilizar livremente o imóvel e fica responsável pelo pagamento de todos os impostos, taxas e quaisquer outros encargos que incidam sobre o imóvel.

ITBI e laudêmio

Ao se constituir a alienação fiduciária, não há incidência de imposto sobre transmissão de bens imóveis (ITBI) nem de laudêmio, nos casos de imóveis enfitêuticos. A lei é expressa no sentido de que somente incidirá o ITBI e também o laudêmio caso a propriedade plena do imóvel seja consolidada em nome do credor fiduciário. A hipótese da incidência de ITBI e laudêmio é para o caso de não pagamento da dívida. O procedimento está de acordo com o disposto na própria Constituição Federal, art. 156, inc. II,[75] e no Código Tributário Nacional, art. 35, inc. II,[76] que determina que não há incidência de ITBI na constituição de direitos reais de garantia.

---

[75] BRASIL. Congresso Nacional. Constituição da República Federativa do Brasil de 1988, de 5 de outubro de 1988. *Diário Oficial da União*, Brasília, DF, 5 out. 1988. Disponível em: <www.planalto.gov.br/ccivil_03/constituicao/constituicao.htm>. Acesso em: 9 set. 2013.

[76] BRASIL. Congresso Nacional. Lei nº 5.172, de 25 de outubro de 1966. *Diário Oficial da União*, DF, 27 out. 1966. Disponível em: <www.planalto.gov.br/ccivil_03/Leis/L5172.htm>. Acesso em: 9 set. 2013.

Na hipótese de pagamento da dívida, a propriedade plena é revertida automaticamente em favor do fiduciante. O fiduciante deverá efetuar o cancelamento da alienação fiduciária no Cartório de Registro de Imóveis por meio de termo de quitação, que deve ser entregue pelo credor fiduciário no prazo de até 30 dias após a quitação do preço.

Caso não haja o pagamento, na data ajustada, da dívida pelo devedor fiduciante, o credor fiduciário deverá promover a intimação do devedor, por meio do Oficial do Registro de Imóveis. No prazo de 15 dias, o devedor terá de pagar o valor em atraso, com todos os acréscimos ajustados no contrato. Se, porém, o devedor efetuar o pagamento dentro desse prazo, permanece o contrato de alienação fiduciária normalmente. Se não houver o pagamento em tal prazo, a propriedade do imóvel será consolidada em nome do credor, desde que ele comprove para o Registro de Imóveis o pagamento do ITBI e, se for o caso, do laudêmio.

Venda do imóvel

Após o registro da propriedade plena do imóvel em seu nome, o credor fiduciário deverá promover, por meio de leilão público e extrajudicial, a venda do imóvel, obedecendo aos procedimentos estabelecidos no art. 27 da Lei nº 9.514/97. Dessa forma, fica claro que a consolidação da propriedade do imóvel em nome do credor não significa, imediatamente, quitação da dívida. O credor é obrigado a vender o imóvel em leilão, a fim de obter os recursos necessários à satisfação de seu crédito.

Diferentemente do que ocorre na hipoteca, caso não haja, no primeiro leilão, nenhum lance em valor superior ao valor do imóvel e, no segundo leilão, o maior lance oferecido não seja igual ou superior ao valor da dívida, a dívida será considerada extinta e o credor poderá ficar com o imóvel para si, como forma de pagamento.

Uma outra vantagem da alienação fiduciária frente à hipoteca está no fato de que o credor fiduciário, no caso de falência do devedor, não corre o risco de perder o imóvel objeto da garantia. Isso porque a alienação fiduciária importa na transferência da propriedade resolúvel do imóvel ao credor. Desse modo, se o devedor falir durante a vigência do contrato, o imóvel não será arrecadado pela massa falida. Nesse caso, o imóvel já não faz parte do patrimônio do devedor.

Como o credor tem apenas a propriedade resolúvel e em caráter fiduciário daquele imóvel, o bem fica também em patrimônio separado do credor. O bem não responde por nenhuma de suas dívidas, mesmo em caso de falência do credor.

Autoavaliações

Questão 1:

Sabemos que as cédulas de créditos não dependem de escritura pública para sua constituição, mesmo quando emitida com garantia real. Portanto, podemos afirmar que as cédulas de crédito imobiliário:

a) não podem representar apenas parte de um crédito.
b) dependem de escritura pública para sua constituição.
c) são títulos de crédito, representando uma promessa de pagamento.
d) não podem ser levadas a registro, em qualquer hipótese, pois não são um direito real.

Questão 2:

A cédula de crédito imobiliário é um título de crédito que representa, total ou parcialmente, os créditos imobiliários.
Desse modo, somente podem emitir uma cédula de crédito imobiliário:

a) as companhias securitizadoras e o Banco Central do Brasil.
b) as pessoas físicas ou jurídicas, detentoras de créditos imobiliários.
c) as sociedades de crédito imobiliário, caixas econômicas e companhias hipotecárias.
d) os bancos comerciais ou os bancos múltiplos com carteira de investimento ou carteira de crédito imobiliário.

Questão 3:

Sabemos que existem requisitos essenciais que devem constar da cédula de crédito imobiliário.

Podemos apontar, como alguns desses requisitos:

a) o número e a série da cédula; o valor do crédito; a apresentação de prospecto à CVM.
b) o nome, a qualificação e o endereço do credor e do devedor; a identificação do imóvel; o valor do crédito.
c) a condição de integral ou fracionária e a identificação da companhia securitizadora que emitiu a cédula de crédito imobiliário.
d) a modalidade da garantia, o valor do crédito e a identificação da companhia securitizadora que emitiu a cédula de crédito imobiliário.

Questão 4:

Existem diferenças entre uma cédula de crédito imobiliário e um certificado de recebíveis imobiliários.

Dessa forma, podemos citar, como uma dessas diferenças, o fato de que:

a) a cédula de crédito imobiliário não pode ser fracionária, enquanto o certificado de recebíveis imobiliários pode.
b) o certificado de recebíveis imobiliários é lastreado em créditos imobiliários, e a cédula de crédito imobiliário depende de escritura pública.
c) o certificado de recebíveis imobiliários somente pode ser emitido por companhias securitizadoras e a cédula de crédito imobiliário não tem essa limitação.
d) a cédula de crédito imobiliário constitui uma promessa de pagamento em dinheiro, e o certificado de recebíveis imobiliários constitui uma promessa de pagamento em ações imobiliárias.

Questão 5:

O certificado de recebíveis imobiliários é um título de livre negociação, lastreado em créditos imobiliários, e constitui uma promessa de pagamento em dinheiro.

Podemos apontar, como características do CRI:

a) a forma escritural, o nome do titular e a modalidade da garantia.
b) o nome do titular, o valor nominal e a identificação dos títulos emitidos.
c) o nome da companhia securitizadora emitente, o número de ordem, o local e a hora de emissão.
d) o valor nominal, a indicação da fração que representa, se for o caso, e o nome da companhia emitente.

Questão 6:

Os fundos de investimentos imobiliários (FII) foram criados pela Lei nº 8.668/93.

Podemos apontar, como elementos que caracterizam o fundo de investimento imobiliário:

a) o nome do titular, a modalidade da garantia e a ausência de personalidade jurídica.
b) o número e a série das cotas, o valor do crédito e a apresentação obrigatória de prospecto à CVM.
c) a proibição do resgate de cotas, a forma escritural e a apresentação obrigatória de prospecto à CVM.
d) a ausência de personalidade jurídica e o fato de suas obrigações serem assumidas pelo administrador e de constituir um condomínio fechado.

Questão 7:

O administrador do fundo de investimento imobiliário deverá fazer constar, nas matrículas dos bens imóveis e direitos integrantes do patrimônio do FII, uma série de restrições aos ativos imobiliários que o compõem.

Podemos apontar, como alguma dessas restrições, o fato de que os ativos imobiliários:

a) somente poderão ser objeto de gravames constituídos em benefício da instituição administradora.
b) integram o ativo do administrador, respondendo direta ou indiretamente por qualquer obrigação do administrador.
c) não podem ser objeto de constituição de quaisquer ônus reais e não são passíveis de execução por credores do administrador.
d) compõem a lista de bens e direitos do administrador, podendo ser dados em garantia de débito de operação do administrador.

Questão 8:

A hipoteca é regulada pelos arts. 1.473 a 1.505 do Código Civil. Sobre a hipoteca, podemos afirmar que:

a) possibilita, ao devedor, transferir a propriedade resolúvel do imóvel ao credor, em garantia de sua obrigação.
b) no que se refere à posse do imóvel objeto, a lei determina que, ao se instituir a propriedade resolúvel em favor do credor, há o desdobramento da posse.
c) é uma espécie típica de direito real de garantia, cujo objeto é um bem imóvel ou bens equiparados por lei a imóveis, gravando aquele bem ao pagamento da obrigação garantida.
d) por meio da transferência da propriedade resolúvel ao credor, a hipoteca grava um determinado imóvel no patrimônio do devedor hipotecário, destinando-o ao pagamento daquela obrigação garantida.

Questão 9:

Sabemos que existem cinco modalidades de hipoteca – a convencional, a cedular, as especiais, a legal e a judiciária.
Podemos afirmar que a hipoteca cedular:

a) é decorrente de sentenças em ações condenatórias de obrigação de dar dinheiro.
b) garante cédulas de crédito de imobiliário e certificados de recebíveis imobiliários.
c) resulta de um contrato de caráter acessório a outro contrato, que contém a obrigação principal.
d) é referente à hipoteca instituída em navios e aeronaves, sendo, portanto, instituída em bens móveis.

Questão 10:

A alienação fiduciária sobre imóveis foi introduzida, em nosso sistema, pela Lei nº 9.514/97, a lei que regula o SFI.
Podemos afirmar que a alienação fiduciária pode ser constituída:

a) pelo administrador do fundo de investimento imobiliário.
b) somente pelas entidades autorizadas a atuar no Sistema de Financiamento Imobiliário (SFI).
c) por bancos de investimento, sociedades corretoras ou sociedades distribuidoras de valores mobiliários.
d) por qualquer pessoa – física ou jurídica – proprietária de bem imóvel, por meio de instrumento público ou particular.

Módulo IV – Locação

Módulo IV – Locação

Neste módulo passaremos à análise das formas pelas quais, normalmente, são utilizados, a título oneroso, imóveis de terceiros, sejam eles rurais ou urbanos.

Arrendamento e parceria rural

Introdução

O Estatuto da Terra (Lei nº 4.504/64)[77] tipificou os contratos que regulamentam a posse ou o uso temporário de imóveis rurais por terceiros. A finalidade da tipificação era desenvolver atividade agrícola, pecuária, agroindustrial, extrativa ou mista. Esses contratos são denominados contrato de arrendamento rural e parceria rural.

Arrendamento rural é o contrato por meio do qual uma pessoa se obriga a ceder à outra, por tempo determinado ou não, o uso e o gozo de um imóvel rural, no todo ou em parte, incluindo ou não outros bens, outras benfeitorias ou outras facilidades. O objetivo do arrendamento é o de ser exercida, no imóvel rural, atividade de exploração agrícola, pecuária, agroindustrial, extrativista ou mista, mediante alguma retribuição ou aluguel.

A parceria rural (definida pelo art. 4º do Decreto nº 59.566, de 14 de novembro de 1966,[78] que regulamentou o Estatuto da Terra) prevê o uso específico do imóvel rural com o mesmo objetivo do arrendamento rural. A parceria rural diferencia-se do arrendamento pela forma de remuneração do proprietário ou possuidor do imóvel. Na parceria rural, o parceiro-outorgante (proprietário ou possuidor do imóvel) e o parceiro-outorgado partilham riscos de caso fortuito e de força maior do empreendimento – isto é, da colheita ou da criação de animais, assim como os frutos, produtos ou lucros havidos, obedecidos os limites legais.

Apesar de bastante parecidos, com regras comuns previstas na legislação, cada uma dessas relações jurídicas (parceria e arrendamento) possui peculiaridades que as diferenciam.

---

[77] BRASIL. Congresso Nacional. Lei nº 4.504, de 30 de novembro de 1964. *Diário Oficial da União*, Brasília, DF, 31 nov. 1964. Disponível em: <www.planalto.gov.br/ccivil_03/leis/L4504.htm>. Acesso em: 9 set. 2013.

[78] BRASIL. Congresso Nacional. Decreto nº 59.566, de 14 de novembro de 1966. *Diário Oficial da União*, Brasília, DF, 17 nov. 1966. Disponível em: <www.planalto.gov.br/ccivil_03/decreto/Antigos/D59566.htm>. Acesso em: 9 set. 2013.

Partes no arrendamento

As partes no contrato de arrendamento são arrendador, pessoa que cede ou aluga o imóvel rural, e arrendatário, pessoa que recebe o imóvel rural ou o toma por aluguel.

O arredamento rural tem características bem próximas da locação. A forma de remuneração do contrato de arrendamento rural é estabelecida em moeda corrente, mas seu pagamento pode ser avençado em entrega de frutos ou produtos da atividade desenvolvida no imóvel.

Prazos

Apesar de o arrendamento rural poder ser celebrado por tempo indeterminado, a lei prevê prazos mínimos para esse contrato:

- de três anos, nos casos de arrendamento em que ocorra atividade de exploração de lavoura temporária e ou de pecuária de pequeno e médio portes;
- de cinco anos, nos casos de arrendamento em que ocorra atividade de exploração de lavoura permanente ou de pecuária de grande porte para cria, recria, engorda ou extração de matérias-primas de origem animal;
- de sete anos, nos casos em que ocorra atividade de exploração florestal.

Na hipótese de o arrendamento ser firmado por prazo indeterminado, presume-se sua contratação pelo prazo mínimo de três anos. Dessa forma, é facultado às partes renovar ou prorrogar o contrato de arrendamento rural com prazo vencido, sempre respeitando os prazos mínimos.

O prazo de um contrato de arrendamento rural somente termina uma vez finalizada a colheita. Quando retardada a colheita por motivo de força maior, os prazos serão considerados prorrogados nas mesmas condições, até sua finalização. Se não houver estipulação expressa no contrato acerca da renovação, a lei prevê que o contrato se presume automaticamente renovado, caso o arrendatário não manifeste seu desinteresse nessa renovação.

Proteção, direitos e deveres

Ao arrendatário é assegurada, pelo Estatuto da Terra, uma proteção a fim de lhe propiciar um crescimento social e econômico. Os direitos do arrendatário são:

- preferência na aquisição do imóvel, em igualdade de condições com terceiros;
- irrenunciabilidade dos direitos garantidos por lei;
- indenização pelas benfeitorias úteis e necessárias, podendo permanecer no imóvel e dele usufruir enquanto não for indenizado.

Também são indenizáveis as benfeitorias voluptuárias, desde que autorizadas anteriormente pelo arrendador.

Conforme prevê o regulamento do Estatuto da Terra, o arrendatário deve pagar, pontualmente, o valor do aluguel, as obrigações trabalhistas e previdenciárias, conservar o imóvel da mesma forma como o recebeu, preservar a fauna, a flora e os mananciais hídricos, manter o imóvel livre de invasões e turbações, devolver os bens recebidos da mesma forma como os recebeu. Caso o arrendamento abranja animais, eles devem ser devolvidos em mesmo número, espécie e valor.

Assim como nos acordos de parceria rural, a alienação ou a imposição de ônus real ao imóvel arrendado não interrompe a vigência dos contratos de arrendamento rural – com isso, o adquirente fica sub-rogado nos direitos e nas obrigações do alienante.

Extinção e subarrendamento

O arrendamento extingue-se, conforme estipula o art. 26 do Decreto nº 59.566/66:

- pelo término do prazo do contrato e de sua renovação;
- pela retomada do imóvel;
- pela aquisição do imóvel arrendado pelo arrendatário;
- pelo distrato ou pela rescisão do contrato;
- por motivo de força maior que impossibilite a execução do contrato;

- por sentença judicial irrecorrível;
- pela perda do imóvel rural;
- pela desapropriação parcial ou total do imóvel rural;
- por qualquer outra causa prevista na lei.

Subarrendamento é o contrato pela qual o arrendatário transfere a outrem, no todo ou em parte, os direitos e as obrigações de seu contrato de arrendamento. Assim como a cessão do contrato ou o empréstimo do imóvel, o subarrendamento somente é permitido mediante o prévio e expresso consentimento do arrendador.

Parceria rural

Os contratos de parceria rural têm como partes o parceiro-outorgante (proprietário ou possuidor do bem) e o parceiro-outorgado (aquele que participará do empreendimento com sua mão de obra). É bastante comum que o parceiro-outorgado participe desse tipo de contrato de parceria rural com o conjunto familiar.

O prazo mínimo da parceria rural é de três anos, seja qual for sua modalidade (agrícola ou pecuária). Já o prazo das parcerias rurais (assim como ocorre com o arrendamento) somente termina depois de ultimada a colheita. Da mesma forma, quando retardada a colheita por motivo de força maior, os prazos serão considerados prorrogados nas mesmas condições até sua finalização.

A parceria rural não tem, entretanto, previsão legal de renovação automática, como ocorre com o arrendamento.

A divisão dos frutos obedece às seguintes porcentagens a favor do parceiro outorgante:

- 20% quando ele concorrer só com a terra nua;
- 25% quando ele concorrer com a terra preparada;
- 30% quando ele concorrer com a terra preparada e a moradia;
- 40% caso concorra com o conjunto básico de benfeitorias, constituído especialmente pela casa de moradia, por galpões, pelo banheiro para gado, pelas cercas, pelas valas ou pelos currais, conforme o caso;

- 50% caso concorra com a terra preparada, a moradia e o conjunto básico de benfeitorias, bem como as máquinas e os implementos agrícolas, as sementes e os animais de tração, e, na parceria pecuária, com animais de cria em proporção superior a 50% do número total de cabeças objeto de parceria;
- 75% nas zonas de pecuária ultraextensiva em que forem os animais de cria em proporção superior a 25% do rebanho, e onde se adotem a meação do leite e a comissão mínima de 5% por animal vendido.

O parceiro-outorgante pode cobrar do parceiro-outorgado, pelo preço de custo, o valor dos fertilizantes, das vacinas, dos medicamentos e dos inseticidas fornecidos no percentual que corresponder à participação do parceiro-outorgado. Se o parceiro-outorgado receber do parceiro-outorgante pagamento em dinheiro, poderá ficar descaracterizada a parceria agrícola, prevalecendo o trabalho rural, sujeitando-se, assim, à legislação trabalhista aplicável. Todavia, as partes contratantes poderão estabelecer a prefixação, em quantidade ou volume, do montante da participação do proprietário, desde que, ao final do contrato, seja realizado o ajustamento do percentual pertencente ao proprietário, de acordo com a produção, sendo certo que eventual adiantamento do montante prefixado não descaracteriza o contrato de parceria.

As hipóteses de extinção da parceria rural são as mesmas previstas para o arrendamento rural. A subparceria, a cessão do contrato ou o empréstimo do imóvel objeto de parceria rural são vedados sem o prévio e expresso consentimento do parceiro-outorgante.

Locações urbanas

Imóveis urbanos

Os contratos de locação de imóveis urbanos são regidos pela Lei do Inquilinato ou Lei de Locações (Lei nº 8.245/91),[79] recentemente al-

---

[79] BRASIL. Congresso Nacional. Lei nº 8.245, de 18 de outubro de 1991. *Diário Oficial da União*, Brasília, DF, 21 out. 1991. Disponível em: <www.planalto.gov.br/ccivil_03/Leis/L8245.htm>. Acesso em: 9 set. 2013.

terada pela Lei nº 12.112, de 9 de dezembro de 2009.[80] A definição de imóveis urbanos, para fins de aplicação da lei, é feita por exclusão, ou seja, aplica-se a Lei do Inquilinato para a locação de qualquer imóvel urbano, exceto:

- espaços publicitários, por exemplo, *outdoor*;
- imóveis de propriedade da União, do Estado ou do Município, suas autarquias e fundações públicas;
- vagas de garagem e espaços para estacionamento de veículos;
- *apart*-hotéis, hotéis-residência ou equiparados, como *flats*;
- arrendamento mercantil em qualquer de suas modalidades, os quais são regidos pelo Código Civil[81] ou pelas leis especiais.

Contrato de locação

O contrato de locação de imóvel pode ser firmado pelo prazo que for conveniente para as partes. Se o prazo, contudo, for igual ou superior a 10 anos, será necessária a concordância do cônjuge das partes no ato de celebração do contrato. A locação pode ser ajustada por contrato escrito ou verbal, bem como por prazo determinado ou indeterminado.

O art. 4º da Lei de Locações determina que os contratos por prazo determinado não podem ser rescindidos, antecipadamente, pelo locador antes de terminado o prazo ajustado. A lei permite, entretanto, que o locatário devolva o imóvel antes do término do prazo contratual, mediante pagamento da multa ajustada entre as partes, a qual, normalmente, é fixada no valor de três aluguéis. A multa deve ser paga proporcionalmente ao prazo do contrato que ainda falta cumprir. Por exemplo, em um contrato de 30 meses, caso o locatário rescinda o contrato após o 10º mês, ou seja, tenha cumprido 1/3 do contrato, a multa será paga proporcionalmente aos 2/3 restantes.

---

[80] BRASIL. Congresso Nacional. Lei nº 12.112, de 9 de dezembro de 2009. *Diário Oficial da União*, Brasília, DF, 10 dez. 2009. Disponível em: <www.planalto.gov.br/ccivil_03/_Ato2007-2010/2009/Lei/L12112.htm>. Acesso em: 9 set. 2013.

[81] BRASIL. Congresso Nacional. Lei nº 10.406, de 10 de janeiro de 2002. *Diário Oficial da União*, Brasília, DF, 11 jan. 2002. Disponível em: <www.planalto.gov.br/ccivil_03/leis/2002/L10406.htm>. Acesso em: 9 set. 2013.

Nas locações ajustadas por prazo indeterminado, qualquer das partes pode rescindir a locação, mediante aviso prévio de 30 dias.

O contrato de locação pode ser denunciado por terceiros, nos casos de extinção de usufruto ou de fideicomisso, isto é, os ônus que gravam o imóvel. Nas hipóteses de extinção de usufruto ou de fideicomisso, a locação celebrada pelo usufrutuário ou pelo fiduciário pode ser denunciada pelo proprietário do imóvel, no prazo de 90 dias contados da extinção do fideicomisso ou da averbação da extinção de usufruto. Nesse caso, será fixado o prazo de 30 dias para desocupação pelo locatário.

De acordo com o art. 8º da Lei de Locações, em caso de alienação do imóvel durante a vigência do contrato, o terceiro adquirente também pode rescindir a locação pedindo a devolução do imóvel e conferindo ao locatário o prazo máximo de 90 dias para desocupação.

A exceção à regra de alienação do imóvel durante o contrato está condicionada ao implemento cumulativo das seguintes condições:

- a locação deve ser firmada por prazo determinado.
- deve constar do contrato uma cláusula de vigência em caso de alienação, ou seja, a locação continua vigente mesmo em caso de venda do imóvel.
- deve ser registrado o contrato de locação na matrícula do imóvel, no Cartório de Registro de Imóveis competente, tornando essa cláusula oponível a terceiros.

Se as condições acima não forem implementadas, a regra é a de que, em caso de alienação do imóvel durante a locação, o adquirente poderá rescindir o contrato. A rescisão, contudo, somente se dará se o adquirente se manifestar no prazo de 90 dias contados do registro da venda ou do compromisso de compra e venda perante o Registro de Imóveis. Na ausência de manifestação durante o prazo de 90 dias, presumimos a concordância do adquirente com a manutenção da locação.

Além das outras hipóteses de rescisão da locação previstas na Lei de Locação, o art. 9º estabelece que a locação também pode ser desfeita nas seguintes hipóteses:

- por mútuo acordo entre as partes;
- em decorrência da prática de infração legal ou contratual;

- em decorrência da falta de pagamento de aluguel e encargos da locação – por exemplo, condomínio, IPTU, luz, água;
- para realização de obras urgentes, determinadas pelo Poder Público, que não possam ser normalmente executadas com a permanência do locatário no imóvel ou – se puder permanecer – ele se recuse a consenti-las.

Sublocações

Conforme dispõe a Lei do Inquilinato,[82] "aplicam-se às sublocações, no que couber, as disposições relativas às locações".

A sublocação é um contrato acessório ao contrato de locação. Dessa forma, uma vez rescindida ou terminada a locação também se resolve a sublocação, assegurado ao sublocatário o direito de indenização contra o sublocador. Ainda em razão de sua condição acessória, o valor do aluguel cobrado na sublocação não pode exceder o da locação – nesse caso, o sublocatário pode reduzir o aluguel até os limites legais.

Eventual vedação à sublocação, cessão, transferência ou empréstimo parcial do imóvel a terceiros, bem como a eventual necessidade do prévio e expresso consentimento do locador dependem de ajuste prévio das partes e disposição expressa no contrato firmado.

Aluguel

O aluguel deve ser estipulado em moeda corrente nacional. Os reajustes, conforme estabelece a lei, não podem ter como base a variação cambial ou o salário mínimo. A Lei nº 10.192, de 14 de fevereiro de 2001,[83] determinou que a periodicidade dos reajustes do valor do aluguel não pode ser inferior a um ano.

---

[82] BRASIL. Congresso Nacional. Lei nº 8.245, de 18 de outubro de 1991. *Diário Oficial da União*, Brasília, DF, 21 out. 1991. Disponível em: <www.planalto.gov.br/ccivil_03/Leis/L8245.htm>. Acesso em: 9 set. 2013.

[83] BRASIL. Congresso Nacional. Lei nº 10.192, de 14 de fevereiro de 2001. *Diário Oficial da União*, Brasília, DF, 16 fev. 2001. Disponível em: <www.planalto.gov.br/ccivil_03/leis/LEIS_2001/L10192.htm>. Acesso em: 9 set. 2013.

Deveres do locador e do locatário

Nos contratos de locação, como em quaisquer outros, existem deveres para ambas as partes. Os principais deveres atribuídos aos locadores, conforme dispõe o art. 22 da Lei do Inquilinato, são:

- entregar o imóvel alugado ao locatário;
- garantir, durante a locação, o uso pacífico do imóvel;
- responder por vícios ou defeitos anteriores à locação;
- pagar as eventuais despesas extraordinárias de condomínio;
- pagar as eventuais taxas de administração imobiliária e de intermediação do negócio locatício;
- pagar os impostos e as taxas, bem como o prêmio do seguro contra incêndio, salvo por disposição expressa em contrário no contrato.

O locatário tem como principais deveres:

- efetuar os pagamentos dos aluguéis e encargos da locação dentro dos prazos estabelecidos;
- tratar o imóvel com o mesmo cuidado de um proprietário;
- pagar as despesas ordinárias de condomínio;
- obedecer, integralmente, a uma eventual convenção de condomínio e ao regulamento interno;
- pagar as eventuais despesas de telefone, energia elétrica, gás, água e utilização de esgoto.

Direito de preferência

Nos contratos de locação regidos pela Lei nº 8.245/91, conforme dispõe seu art. 27, o locatário tem preferência na aquisição do imóvel em igualdade de condições de terceiros, em caso de venda, promessa de venda, cessão, promessa de cessão de direitos e dação em pagamento.

O locador deve dar ao locatário conhecimento do negócio mediante notificação ou qualquer outro meio de ciência inequívoca. Por meio da notificação, o locador deve informar ao locatário todas as condições do negócio pretendido, como o preço, a forma de pagamento e a existência de ônus reais gravados sobre o imóvel. Caso o locatário não manifeste aceitação integral à proposta apresentada pelo locador, no prazo de 30 dias, o direito de preferência caducará.

O direito de preferência do locatário é uma obrigação legal imposta ao locador. Caso o locador venda o imóvel sem dar direito de preferência ao locatário, este poderá reclamar perdas e danos.

Se o contrato de locação, entretanto, estiver averbado na matrícula do imóvel, o locatário que tiver sido preterido em seu direito de preferência pode requerer para si a propriedade do imóvel alugado, depositando, em juízo, o mesmo preço pago pelo terceiro adquirente e as despesas do ato de transferência. O depósito em juízo deve ser feito no prazo de até 180 dias contados do registro, no Registro de Imóveis, da transferência da propriedade do imóvel a terceiros.

Há casos, porém, que a própria lei determina que não há direito de preferência. Nesse sentido, o art. 32 da Lei nº 8.245/91[84] estabelece que "o direito de preferência não alcança os casos de perda da propriedade ou venda por decisão judicial, permuta, doação, integralização de capital, cisão, fusão e incorporação".

Assim, na hipótese de alienação judicial do imóvel em virtude, por exemplo, de eventual penhora efetuada em decorrência de uma ação de execução, bem como no caso de execução de hipoteca constituída em favor de terceiros, não teria o locatário direito à preferência na aquisição do imóvel.

Benfeitorias

As benfeitorias consistem em obras e modificações realizadas nos imóveis com o intuito de promover sua conservação e seu melhoramento. Conforme definido no art. 96 do Código Civil, as benfeitorias podem ser:

- voluptuárias – aquelas que não aumentam o uso habitual do bem;
- úteis – aquelas que aumentam a utilidade do bem;

---

[84] BRASIL. Congresso Nacional. Lei nº 8.245, de 18 de outubro de 1991. *Diário Oficial da União*, Brasília, DF, 21 out. 1991. Disponível em: <www.planalto.gov.br/ccivil_03/Leis/L8245.htm>. Acesso em: 9 set. 2013.

- necessárias – aquelas que têm por fim conservar o bem ou evitar sua deterioração.

A Lei do Inquilinato dispõe, em seu art. 35, que todas as benfeitorias necessárias (mesmo que não autorizadas pelo locador) e úteis (desde que autorizadas) introduzidas pelo locatário no imóvel devem ser indenizadas pelo locador, pois permitem o direito de retenção pelo locatário. Desse modo, enquanto o locador não lhe pagar a indenização, o locatário não lhe devolve o imóvel, salvo estipulação contrária ajustada no contrato firmado.

Garantias locatícias

As garantias locatícias visam proteger o locador, garantindo o cumprimento das obrigações contratuais assumidas pelo locatário. O art. 37 da Lei do Inquilinato enumera as modalidades de garantia que podem ser exigidas pelo locador, não sendo possível a cumulação de mais de uma forma de garantia:

- caução;
- fiança;
- seguro de fiança locatícia;
- cessão fiduciária de cotas de fundo de investimentos.

A primeira modalidade de garantia (a caução) pode ser efetuada por meio de bens móveis ou imóveis. Qualquer bem móvel, com valor de comércio, pode ser objeto de caução.

A caução sobre bens imóveis exige a devida averbação na matrícula do imóvel, no Cartório de Registro de Imóveis. Sobre bens móveis, no entanto, a caução deve ser registrada no Cartório de Títulos e Documentos.

No caso da caução em espécie, ou seja, depósito em dinheiro, a lei determina que o valor a ser depositado não seja superior a três vezes o aluguel vigente à época da efetivação do contrato.

A fiança é a garantia mais utilizada na relação locatícia. O fiador – na qualidade de devedor solidário e principal pagador junto com o locatário – assume, com seu patrimônio pessoal, a responsabilidade pela satisfação das obrigações financeiras previstas no contrato.

O seguro de fiança locatícia é uma modalidade de garantia por meio da qual o locatário contrata um seguro para garantir ao locador o pagamento do aluguel. A seguradora responde no caso de descumprimento do contrato, mediante o pagamento de indenização, cobrindo possíveis e eventuais prejuízos do locador, decorrentes da inadimplência do locatário.

A modalidade de garantia menos utilizada – até mesmo por ser a mais recente, já que instituída pela Lei nº 11.196, de 21 de novembro de 2005[85] – é a cessão fiduciária de cotas de fundos de investimento especialmente constituídos para esse fim.

Outras locações e procedimentos

Locação residencial

A locação residencial é aquela em que o imóvel se destina à moradia do locatário e de sua família. Quando ajustada por escrito e com prazo superior a 30 meses, a resolução do contrato se dá ao fim do prazo estipulado, independentemente de qualquer formalidade.

Ao término no prazo estipulado, caso o locatário permaneça no imóvel sem que seja manifestada, pelo locador, qualquer oposição, a locação se presume prorrogada por prazo indeterminado, nas mesmas condições anteriores.

Se a locação for ajustada verbalmente, por prazo inferior a 30 meses e findo o prazo estabelecido, a locação se prorrogará, compulsória e automaticamente, por prazo indeterminado. Desse modo, somente poderá ser retomado o imóvel caso ocorra uma das hipóteses previstas nos incisos do art. 47 da Lei do Inquilinato, em uma clara medida que visa proteger os interesses dos locatários.

---

[85] BRASIL. Congresso Nacional. Lei nº 11.196, de 21 de novembro de 2005. *Diário Oficial da União*, Brasília, DF, 22 nov. 2005. Disponível em: <www.planalto.gov.br/ccivil_03/_ato2004-2006/2005/lei/l11196.htm>. Acesso em: 9 set. 2013.

Esse procedimento é o que se convencionou chamar de denúncia cheia, ao contrário da denúncia vazia, em que não é necessária nenhuma justificativa do locador para reaver o imóvel ao final do prazo ajustado.

Locação para temporada

Conforme definição do art. 48 da Lei do Inquilinato,[86] a locação por temporada é:

> *[...] aquela destinada à residência temporária do locatário, para prática de lazer, realização de cursos, tratamento de saúde, feitura de obras em seu imóvel, e outros fatos que decorram tão somente de determinado tempo e contratada por prazo não superior a noventa dias, esteja ou não mobiliado o imóvel.*

Na locação para temporada, a lei permite que o locador receba antecipadamente os aluguéis e encargos. O locador pode exigir ainda qualquer outra modalidade de garantia com relação às demais obrigações contratuais, o que representa uma exceção, diante da vedação contida no art. 42 da Lei do Inquilinato, que prevê a possibilidade de pagamento antecipado do aluguel mensal apenas na hipótese de não haver outra forma de garantia.

Se o locatário permanecer no imóvel após o fim do prazo estabelecido entre as partes sem oposição do locador, da mesma forma como ocorre na locação residencial, presume-se a prorrogação da locação por tempo indeterminado. Nesse caso, não será mais possível a exigência quanto ao pagamento antecipado do aluguel.

O locador somente pode denunciar o contrato após 30 meses, contados do início de sua vigência ou se ocorrer uma das hipóteses previstas no art. 47.

---

[86] BRASIL. Congresso Nacional. Lei nº 8.245, de 18 de outubro de 1991. *Diário Oficial da União*, Brasília, DF, 21 out. 1991. Disponível em: <www.planalto.gov.br/ccivil_03/Leis/L8245.htm>. Acesso em: 9 maio 2013.

Locação não residencial

A locação não residencial trata das locações de imóveis destinados a atividades de natureza econômica, comercial e industrial. Também são consideradas locações não residenciais aquelas cuja locatária for pessoa jurídica e o imóvel for destinado ao uso de seus titulares, diretores, sócios, gerentes, executivos e empregados.

Locações comerciais

As locações comerciais podem ser estabelecidas por qualquer prazo. No entanto, é certo que, ao final, essas locações cessam de pleno direito, independentemente de qualquer formalidade.

A locação comercial pode prorrogar-se nas mesmas condições, por prazo indeterminado, a partir de quando pode ser denunciada a qualquer tempo, com antecedência de 30 dias. O mesmo ocorre nas locações residenciais, durante o prazo de vigência do contrato. O locador não pode retomar o imóvel, e o locatário pode, no entanto, denunciar a locação, mediante o pagamento da multa prevista no art. 4º da Lei do Inquilinato.

Para a prorrogação, é necessário que, ao final do prazo estipulado e permanecendo o locatário no imóvel, não haja manifestação do locador em sentido contrário dentro do prazo de 30 dias subsequentes ao fim da vigência da locação.

Fundo de comércio

Para preservação do fundo de comércio, considerando-se que seu locador se beneficia por agregar valor ao imóvel, a lei, objetivando a proteção do locatário, prevê que os locatários de imóveis destinados à exploração comercial têm direito à renovação compulsória do contrato por igual prazo.

A renovação de contrato pode acontecer, desde que, cumulativamente, o contrato tenha sido celebrado por escrito e com prazo determinado, o prazo mínimo do contrato a renovar ou a soma dos prazos ininterruptos dos contratos escritos seja de cinco anos e o locatário esteja explorando seu comércio, no mesmo ramo, pelo prazo mínimo e ininterrupto de três anos. Se o locatário mantiver todos os requisitos e a renovação da locação não for feita de comum acordo entre as partes, o locatário poderá valer-se da ação renovatória.

A ação renovatória deve ser proposta no intervalo de um ano (no máximo) até seis meses (no mínimo) anteriores à data prevista para o término do contrato que se pretende renovar, sob pena do locatário perder o direito de renovar a locação.

Locação não renovada

O art. 52 da Lei do Inquilinato prevê algumas hipóteses em que o locador não está obrigado a renovar a locação: se, por determinação do Poder Público, o locador tiver de realizar obras no imóvel que o transformem radicalmente ou se tiver de fazer modificações de tal natureza que aumentem o valor do negócio ou da propriedade, e se o imóvel vier a ser utilizado por ele próprio ou para transferência de fundo de comércio existente há mais de um ano, sendo detentor da maioria do capital o locador, seu cônjuge, ascendente ou descendente.

Procedimentos judiciais

No que se refere à locação dos imóveis urbanos, podemos observar a existência, basicamente, dos seguintes procedimentos judiciais:

- ação de despejo;
- ação de consignação de pagamento de aluguel e acessórios da locação;
- ação revisional de aluguel;
- ação renovatória da locação.

Com relação aos procedimentos judiciais, o foro competente para o trâmite das ações é o foro do lugar de situação do imóvel, salvo se houver estipulação diversa no contrato de locação. O valor da causa deve corresponder a 12 meses de aluguel e os recursos interpostos contra as sentenças têm efeito somente devolutivo, o que significa dizer que as decisões terminativas podem ser executadas provisoriamente.

Ações de despejo

As ações de despejo comuns podem ter por fundamento:

- a falta de pagamento dos aluguéis e dos encargos da locação;
- o descumprimento de cláusula contratual – infração contratual;
- a retomada imotivada – denúncia vazia, quando o prazo contratual tiver terminado;
- a retomada motivada – a previsão legal para retomada.

Na hipótese de ação de desejo por falta de pagamento de aluguel, a petição inicial deve ser instruída com o cálculo detalhado do valor do débito. Nas ações de despejo por falta de pagamento de aluguel e demais encargos da locação, o pedido de rescisão contratual pode ser cumulado com o de cobrança das respectivas quantias.

Rescisão evitada

A rescisão pode ser evitada pelo locatário se ele, no prazo da contestação – 15 dias contados da data da juntada do mandado de citação –, requerer autorização para pagamento do débito atualizado. Dessa forma, devem estar incluídos no pagamento:

- os aluguéis e acessórios da locação que vencerem até sua efetivação;
- as multas ou penalidades contratuais, quando exigíveis;
- juros de mora, as custas e os honorários advocatícios, fixados em 10% sobre o montante devido, se do contrato não constar disposição diversa.

Quando for autorizada a emenda da mora, o depósito deve ser realizado no prazo de 15 dias após a intimação do deferimento. Se o depósito não for feito integralmente, e o locador justificar a diferença, o locatário pode complementar o depósito no prazo de 10 dias, contados da ciência da manifestação, sob pena de o pedido de rescisão prosseguir pela diferença, podendo o locador levantar a quantia depositada.

As locações envolvendo imóveis utilizados por hospitais, unidades sanitárias oficiais, asilos, estabelecimentos de saúde e de ensino autorizados e fiscalizados pelo Poder Público, bem como por entidades religiosas devidamente registradas, têm tratamento diferenciado, somente podendo o contrato ser rescindido nas hipóteses previstas no art. 53 da Lei do Inquilinato.

Ação procedente

A sentença que julgar procedente a ação de despejo deve fixar um prazo para desocupação voluntária do imóvel pelo locatário. Desse modo, devem ser respeitados aqueles prazos dispostos no art. 63 da Lei de Locações, assim como o valor da caução para o caso de ser executada provisoriamente. Vale lembrar ainda que as ações fundadas nos incisos I, II e IV do art. 9º independem de caução.

A necessidade de caução para a execução provisória do despejo fundado na falta de pagamento é muito questionada. Muitos defendem a falta de necessidade, pois acreditam que é a mais grave das infrações contratuais, hipótese para a qual a lei expressamente a dispensa.

Se o imóvel não for desocupado voluntariamente no prazo fixado, devemos apelar para o despejo. Às vezes, o oficial de justiça pode-se valer, inclusive e se necessário, do emprego de força. Se o imóvel for abandonado pelo locatário durante o despejo, o locador pode emitir-se em sua posse, observando os trâmites e procedimentos legais.

Ação de consignação de aluguel

Em caso de recusa do locador em receber os aluguéis e acessórios da locação, o locatário pode consigná-los judicialmente. Nesse caso, todos os requisitos legais serão observados para essa espécie de procedimento judicial.

O pedido deve envolver a quitação das obrigações que vencerem durante a tramitação do feito e até ser prolatada a sentença de primeira instância. Com isso, o autor da ação deve promover os depósitos nos respectivos vencimentos. A contestação ao pedido fica restrita, quanto à matéria de fato:

- à ausência de recusa ao recebimento;
- se for justa a recusa;
- se não tiver sido efetuado o depósito no lugar do pagamento;
- se não tiver sido integral o pagamento.

Ação revisional de aluguel

A ação revisional de aluguel obedece ao rito sumário, e a petição inicial deve indicar, além dos requisitos gerais, o valor do aluguel cuja fixação é pretendida. Além disso, a ação revisional de aluguel está baseada no direito conferido às partes (pelo art. 19 da Lei de Locações) de requerer em juízo, caso não haja acordo, a revisão do valor do aluguel. Essa revisão pode ocorrer após três anos de vigência do contrato, a fim de ajustá-lo ao valor de mercado.

O juiz pode, se houver pedido do autor e tomando por base os elementos por ele fornecidos ou indicados, fixar aluguel provisório, não excedente a 80% do pedido. Desse modo, o aluguel será devido desde a citação, podendo ser o pedido revisto mediante requerimento da outra parte. A sentença que julgar procedente a demanda, fixa o aluguel, que retroage à data da citação.

As diferenças devidas serão corrigidas, exigíveis a partir do trânsito em julgado e a execução de tal diferença, se for o caso, deve ser feita nos autos da própria ação de revisão.

Ação renovatória

A ação renovatória visa à proteção do fundo de comércio, objetivando a renovação do contrato de locação e garantindo a manutenção do ponto comercial onde é exercida a atividade pelo locatário. Ela deve ser proposta no prazo máximo de um ano e mínimo de seis meses anteriores ao fim da vigência do contrato de locação que se pretende renovar, sob pena de perda do direito.

O início da ação renovatória é instruída, além de observar os demais requisitos legais, com:

- a prova de que o locatário obedece às condições para renovação;
- a prova do exato cumprimento do contrato em curso;
- a prova da quitação dos impostos e das taxas que incidiram sobre o imóvel e cujo pagamento lhe incumbia;
- a indicação clara e precisa das condições oferecidas para a renovação da locação;
- a indicação de fiador e comprovação de sua idoneidade financeira;
- a prova de que o fiador do contrato ou o que o substituir na renovação aceita os encargos da fiança;
- a prova, quando for o caso, de ser cessionário ou sucessor, em virtude de título oponível ao proprietário.

A contestação do locador, além da defesa de direito cabível, fica restrita:

- ao não preenchimento dos requisitos legais;
- à proposta do valor do aluguel feita pelo locatário, que não atenderia ao valor locativo real do imóvel na época da renovação, excluída a valorização trazida pelo locatário ao ponto ou ao lugar;
- à existência de proposta de terceiros para a locação, em condições melhores;
- à ausência da obrigação de renovação, conforme previsto no art. 52 da Lei de Locações.

As diferenças dos aluguéis vencidos são executadas nos próprios autos e pagas de uma só vez, depois de julgada procedente a demanda e renovada a locação. Por outro lado, se julgada improcedente, o juiz determina a expedição de mandado de despejo que contém o prazo de 30 dias para a desocupação voluntária, se o réu houver formulado pedido nesse sentido na contestação.

Locações em *shopping center*

Os contratos de locação celebrados entre os empreendedores e os lojistas são caracterizados pela ampla liberdade de contratar. Apesar de não existir uma norma específica que regulamente as relações locatícias em um *shopping center*, os contratos de locação devem observar as normas de ordem pública e as normas gerais advindas do Código Civil e da Lei de Locações, para que haja validade do negócio jurídico.

Diante das características próprias desse tipo de empreendimento, normalmente, os contratos de locação de lojas de *shoppings* estabelecem a renúncia pelo locatário de alguns direitos, como direito de preferência, revisão de aluguel, etc. Fica vedado somente o repasse aos lojistas das despesas mencionadas no parágrafo 1º do art. 54 da Lei de Locações.

Operações *built to suit*

Construção sob encomenda

Há tempos, já está presente no mercado imobiliário brasileiro a atividade de construir imóveis sob encomenda para alugar. Essa prática da construção sob encomenda é muito comum em galpões industriais e prédios comerciais.

Desde os anos 1990, com a estabilidade econômica por meio do controle da inflação, diversas empresas estrangeiras vieram investir no Brasil, trazendo na bagagem culturas e formatações jurídicas antes inéditas no Brasil. Um desses novos formatos de investimentos imobiliários que vem ganhando espaço é a operação *built to suit*.

Conceito

Um dos motivos da popularização da locação em geral é a desimobilização do patrimônio das empresas que deixam de administrar os imóveis antes próprios e terceirizam essa administração ao terceiro investidor. Essa posição é vantajosa para a empresa que obtém recursos com a venda de seus imóveis, em uma espécie de autofinanciamento.

Em uma tradução livre, o termo *built to suit* significa "construído para servir sob medida". Trata-se da construção, pelo investidor ou locador, de um prédio de acordo com determinadas características estipuladas pelo futuro inquilino que, por sua vez, obriga-se a permanecer como locatário durante um período mínimo necessário para remunerar o investimento feito pelo investidor ou locador.

Caráter peculiar

O contrato *built to suit* tem um caráter personalíssimo, já que o investidor ou locador somente o celebra depois de conhecer o futuro inquilino e vice-versa. Além disso, por se tratar de uma construção por encomenda do inquilino, uma vez definido o projeto, o prédio a ser construído somente interessa àquele inquilino.

Desse modo, fica afastado o interesse de terceiros pelo prédio, caso ocorra a desistência do inquilino em cumprir todo o prazo contratual.

Controvérsias

As operações *built to suit* não têm previsão legal expressa como contrato típico – por isso, surgem diversas controvérsias sobre a aplicação dos preceitos da Lei de Locações a esse contrato. Não se trata de um típico contrato de locação não residencial, mas de um conjunto de obrigações de parte a parte que vão muito além da mera utilização de um imóvel de terceiro mediante o pagamento de um aluguel.

Etapas da operação

A realização de uma operação *built to suit* demanda a conjugação de esforços das partes, isto é, investidor ou locador e locatário. Conforme a estruturação do negócio, a operação demanda a participação de terceiros como financiadores e, eventualmente, do proprietário do terreno.

As etapas mais comuns que compreendem os empreendimentos *built to suit* são:

A) Definição do tipo de prédio:

O inquilino realiza os estudos necessários para determinar o tipo de prédio que será necessário para atender a suas necessidades. Nessa etapa, são definidos a localização, o tipo de imóvel, as funcionalidades e os equipamentos a serem instalados no prédio, e o acesso ao prédio.

B) Busca do imóvel:

Depois de definir as premissas, o investidor ou locador busca imóveis que atendam à necessidade de localização e acesso do inquilino e que tenham a topografia necessária para a construção. Nesse ponto, é elaborada uma relação que depois é apresentada ao inquilino para que ele coloque os imóveis encontrados em ordem de preferência. Depois de o inquilino colocar em ordem de preferência os imóveis encontrados, o investidor ou o locador faz as ofertas de compra aos proprietários.

C) Aquisição do imóvel:

A boa técnica recomenda que sejam firmados contratos que garantam a opção de compra dos imóveis prospectados pelo investidor ou locador para que haja tempo hábil para a análise dos imóveis pelo inquilino. É possível firmar um contrato preliminar de compromisso, no qual poderá ser condicionada a aquisição do imóvel a uma eventual locação do prédio a ser construído.

Em matéria de aquisição do imóvel, temos a aquisição da propriedade plena do imóvel pelo investidor ou locador – por exemplo, compra e venda, que é a forma mais comum. Nada impede, contudo, que o investidor ou locador, em vez de comprar o imóvel, apenas adquira um direito real sobre esse imóvel que lhe possibilite construir e, posteriormente, alugá-lo, como é o caso do direito real de superfície.

D) Celebração do contrato:

O investidor (ou o locador) e o inquilino celebram um contrato de locação não residencial, normalmente, prevendo um prazo longo de vigência, de forma a contemplar a construção e o futuro retorno do investimento feito pelo locador. Esse contrato de locação difere dos demais contratos de locação não residencial, especialmente em razão das seguintes características:

- o prazo da locação deve ser pelo tempo necessário para que o recebimento dos aluguéis remunere o investidor ou locador pela aquisição do imóvel e pela construção do prédio.
- o locatário, normalmente, renuncia ao direito de revisar o valor da locação, justamente porque o valor do aluguel não é meramente uma contraprestação pelo uso do imóvel mas também o retorno do investimento feito pelo investidor ou locador.
- a multa fixada para o caso de rescisão antecipada da locação é equivalente ao total dos aluguéis a vencer até o final do prazo da locação.

Essas condições são implantadas nas operações *built to suit*. Se essas condições não fossem implantadas nas operações *built to suit*, o exercício dos direitos dos locatários previstos na Lei nº 8.245/91, como revisão de aluguel e término antecipado da locação pela multa padrão de mercado (três aluguéis), causaria um prejuízo enorme ao investidor ou locador, inviabilizando a própria operação.

E) Desenvolvimento e aprovação:

Depois de definido o imóvel e firmado o documento que garante ao investidor ou locador a possibilidade de construir o prédio, os projetos para aprovação dos órgãos competentes são elaborados. A obtenção das aprovações necessárias é colocada como condição da locação. Ou seja, se a construção não for autorizada pelos órgãos competentes, rescinde-se a locação.

F) Construção e entrega:

Com a realização das etapas obrigatórias, faz-se necessária a construção do prédio, que deve atender, estritamente, às solicitações feitas pelo inquilino, exceto se essas solicitações forem impossíveis de serem cumpridas, seja por motivo técnico ou legal. Um motivo técnico, por exemplo, é a construção em terreno impróprio. Um motivo legal, por exemplo, é por atividade vedada ao zoneamento local.

G) Negócios correlatos:

A etapa de construção pode ensejar a realização de negócios correlatos, exigência por parte do inquilino para que o investidor ou locador garanta a construção do prédio por meio da contratação de um seguro de execução da obra e obtenção de fundos para a construção por meio da securitização dos recebíveis da locação, por meio da emissão de CRIs. Depois de terminada a construção, o inquilino assume a posse direta do imóvel e pode, de imediato, iniciar suas atividades no prédio novo.

Autoavaliações

Questão 1:

A Lei nº 4.504/64 dispõe sobre o Estatuto da Terra. Dessa forma, podemos afirmar que o Estatuto da Terra é aplicado a:

a) compra e venda de imóveis rurais, visando reorganizar o espaço rural.
b) contratos que versem sobre a cessão da posse ou do uso temporário de imóveis rurais a terceiros.
c) contratos relativos à locação de imóveis urbanos ou imóveis localizados fora de áreas de preservação ambiental.
d) constituição de área de reserva legal, estabelecidas para recomposição da fauna e flora naturais fora da área de propriedade.

Questão 2:

O contrato de locação de imóvel pode ser firmado pelo prazo que for conveniente para as partes.

Considerando que um locatário decidiu rescindir o contrato de locação antes do prazo, podemos afirmar que ele deverá:

a) devolver o imóvel mediante pagamento dos aluguéis restantes.
b) permanecer no imóvel até que o prazo estabelecido no contrato tenha fim.
c) devolver o imóvel antes do término do prazo contratual, mediante pagamento da multa fixada no contrato.
d) devolver o imóvel sem pagar a multa estabelecida no contrato, desde que informe ao proprietário sobre a rescisão com antecedência de 30 dias.

Questão 3:

O Estatuto da Terra tipificou os contratos denominados contrato de arrendamento rural e parceria rural, a fim de regulamentar a posse ou o uso temporário de imóveis rurais por terceiros.

Podemos destacar, como diferença entre arrendamento rural e parceria rural, o fato de, no arrendamento rural:

a) a relação entre arrendador e arrendatário ter características bem distintas da locação.
b) os contratos poderem ser celebrados para qualquer imóvel rural, independentemente de sua área.
c) a forma de remuneração do proprietário ou possuidor do imóvel ser distinto da remuneração da parceria rural.
d) o arrendatário ter a possibilidade de comprar o imóvel, ao final do prazo contratual. Na parceria agrícola, isso não acontece.

Questão 4:

Arrendamento rural é o contrato por meio do qual uma pessoa se obriga a ceder à outra o uso e o gozo de um imóvel rural, no todo ou em parte.

Sobre o contrato de arrendamento rural, podemos afirmar que:

a) não pode ser celebrado por prazo indeterminado.
b) independentemente da atividade, deverá ser celebrado pelo prazo mínimo de dois anos.
c) presume-se sua contratação pelo prazo mínimo de três anos, na hipótese de o arrendamento ser firmado por prazo indeterminado.
d) o contrato deverá ser celebrado pelo prazo mínimo de seis meses, nos casos em que ocorra atividade de exploração de lavoura temporária.

Questão 5:

Manuel pretende alugar um imóvel, no bairro em que mora com sua esposa, a fim de estabelecer uma padaria. Tendo em vista que precisará fazer um alto investimento, Manuel está preocupado com a duração do contrato de locação a ser celebrado com o proprietário. Por esse motivo, Manuel propôs que o prazo de vigência do contrato seja de 15 anos.

Desse modo, considerando que o prazo contratual será superior a 10 anos, podemos afirmar que:

a) será necessário celebrar o contrato por meio de escritura pública.
b) a garantia oferecida pelo locatário deverá ser, necessariamente, seguro fiança.
c) será necessária a concordância do cônjuge das partes no ato de celebração do contrato.
d) após o décimo ano, o locatário poderá rescindir o contrato a qualquer tempo, desde que pague o aluguel, até completar o prazo de 15 anos.

Questão 6:

Alguns requisitos obrigam o adquirente de um imóvel alugado a respeitar o contrato de locação. Alguns desses requisitos são locação firmada por prazo determinado e cláusula de vigência no contrato.

Podemos citar como outro requisito:

a) a locação com prazo igual ou superior a cinco anos.
b) a existência do imóvel alugado no título de transferência, quando da alienação do imóvel.
c) a prevalência da venda de imóvel alugado sobre o contrato de locação preexistente, no caso de uma rescisão do contrato de locação.
d) o contrato registrado na matrícula do imóvel, no competente Cartório de Registro de Imóveis, tornando tal cláusula oponível a terceiros.

Questão 7:

Arrendamento rural é um tipo de contrato agrário que regulamenta a posse ou uso temporário de imóveis rurais.

Podemos apontar, como motivo previsto em lei para extinção do arrendamento:

a) o fim da colheita.
b) a aquisição do imóvel por terceiros.
c) a constituição de hipoteca pelo arrendador.
d) o término do prazo contratual e de sua renovação.

Questão 8:

Antônio é locatário de um imóvel, no qual está instalada sua papelaria. Como os negócios não estão indo bem, Antônio propõe à Marisa, sua amiga, a cessão do ponto para ela instalar sua locadora de DVDs.

Para facilitar, Antônio pretende celebrar diretamente com Marisa um contrato de sublocação. Para tanto, Antônio verificou que seu contrato nada dispõe sobre a possibilidade de cessão, transferência e sublocação do imóvel.

Considerando a hipótese acima, podemos afirmar que:

a) o imóvel poderá ser sublocado à Marisa, por valor superior ao do aluguel pago por Antônio. A diferença caberá ao locador do imóvel.
b) o imóvel poderá ser sublocado à Marisa e o aluguel será livremente pactuado entre os dois, salvo se o contrato de locação estipular limite de valor para as sublocações.
c) devido à ausência de disposição expressa, no contrato de locação original, acerca da possibilidade de cessão, transferência e sublocação, Antônio não poderá sublocar o imóvel.
d) o imóvel poderá ser sublocado à Marisa, desde que obtido o consentimento prévio e escrito do locador, e o aluguel cobrado de Marisa não seja superior ao valor do aluguel pago por Antônio.

Questão 9:

Nas locações de imóveis para fins comerciais, o locatário tem direito à renovação compulsória do contrato, por igual prazo, desde que sejam atendidos, cumulativamente, três requisitos. O primeiro deles é que o contrato tenha sido celebrado por escrito e por prazo determinado.
Podemos afirmar que os demais requisitos são:

a) registro na matrícula do imóvel e cláusula expressa prevendo a possibilidade de renovar o contrato.
b) exercício da mesma atividade, pelo locatário, por um tempo mínimo de cinco anos; celebração de um único contrato com prazo mínimo de três anos.
c) exploração do comércio, no mesmo ramo, pelo prazo mínimo e ininterrupto de três anos; prazo mínimo do contrato a renovar ou a soma dos prazos ininterruptos dos contratos escritos de 30 meses.
d) exploração do comércio, no mesmo ramo, pelo prazo mínimo e ininterrupto de três anos; prazo mínimo do contrato a renovar ou a soma dos prazos ininterruptos dos contratos escritos de cinco anos.

Questão 10:

No que se refere à locação dos imóveis urbanos, podemos destacar a ação de despejo como um dos procedimentos judiciais a ela relacionados.
Dessa forma, podemos afirmar que a ação de despejo:

a) não pode ter como fundamento a falta de pagamento dos aluguéis e encargos.
b) é a única forma de o locador reaver o imóvel, seja qual for o fundamento do término da locação.
c) é o meio judicial que tem por finalidade objetivar o pagamento dos aluguéis e acessórios da locação mediante consignação.
d) deverá ser proposta em foro distinto da localização do imóvel, independentemente de previsão contratual em sentido contrário.

Vocabulário

Vocabulário

A

Ação de consignação de pagamento – ação mediante o depósito de quantia ou coisa devida, a qual libera o devedor de sua obrigação.

Ação de despejo – meio hábil de que dispõe o proprietário, senhorio ou locador para demandar o locatário de prédio urbano ou rural com o objetivo de desocupação do imóvel, diante de reais evidências de injusta restituição.

Ação de execução – atuação jurídica que visa realizar os resultados determinados por meio da vontade concreta do direito. Na prática, pede ao juiz o cumprimento forçado de um direito já reconhecido.

Aquele que interpõe a ação de execução é denominado exequente; o que figura no polo passivo, executado.

Acessão – modo de aquisição de coisa pertencente a outrem, por se considerar esta acessória em relação à do adquirente, reputada principal.

Adjudicação – ato decisório da autoridade competente que atribui, ao licitante vencedor, o objeto da licitação.

Adjudicação compulsória – ação judicial destinada a substituir a manifestação de vontade de um vendedor que se recuse a outorgar a escritura definitiva em solução de uma promessa de compra e venda de imóvel, servindo a sentença como título hábil à transmissão da propriedade imobiliária no Registro de Imóveis.

Adquirente – que ou quem adquire alguma coisa.

Alienação – transferência de domínio de bens a terceiros ou transferência da titularidade do imóvel, que se pode dar por meio da venda, por exemplo.

Alienação fiduciária – transferência, ao credor (fiduciário), do domínio e da posse indireta de um bem, independentemente de sua tradição efetiva, em garantia do pagamento de uma obrigação pelo devedor (fiduciante).

Os direitos do adquirente sobre a coisa se resolvem com o pagamento da dívida sob garantia.

Alqueire – unidade de medida de superfície agrária equivalente em Minas Gerais, Rio de Janeiro e Goiás a 10 mil braças quadradas (4,84 hectares), e em São Paulo a 5 mil braças quadradas (2,42 hectares).

Anuência – ato de dar consentimento ou aprovação, sem o qual não se constitui ato jurídico, podendo ser tácito ou expresso.

Área de reserva legal – área localizada no interior de uma propriedade ou posse rural, excetuada a de preservação permanente, necessária ao uso sustentável dos recursos naturais, à conservação e reabilitação dos processos ecológicos, à conservação da biodiversidade e ao abrigo e proteção de fauna e flora nativas.

Arras – sinal dado por um dos contraentes firmando a presunção de acordo final e tornando obrigatório o contrato.

Arrematação – venda judicial de bens penhorados, feita em local público, a quem fizer o maior lance, em dia, hora e local anunciados, com a presença do juiz e do escrivão, expostos, se possível, os objetos que deverão ser arrematados.

Arrendamento – convenção ou contrato entre duas partes pelo qual uma cede à outra o uso, gozo e fruição de um determinado bem (propriedade, prédio, terreno) ou recurso, mediante o pagamento de uma retribuição chamada aluguel.

Atos notariais – atos praticados pelos tabelionatos de notas.

Autarquia – entidade estatal autônoma, com patrimônio e receita próprios, criada por lei para executar, de forma descentralizada, atividades típicas da administração pública.

Aval – ato em que uma terceira pessoa (diferente do devedor, do banco e dos endossantes) garante o pagamento de um título de crédito na data de seu vencimento.

Averbação – anotação feita na matrícula do imóvel referente a algum documento ou fato que venha a alterar ou adequar seu conteúdo à nova situação de fato do próprio imóvel ou de seus titulares.

B

Banco Central do Brasil – autarquia federal que tem por finalidade a formulação, a execução, o acompanhamento e o controle das políticas monetária, cambial, de crédito e de relações financeiras com o exterior; a organização, a disciplina e a fiscalização do Sistema Financeiro Nacional; a gestão do Sistema de Pagamentos Brasileiro e dos serviços do meio circulante.

Bem de consumo – produto ou serviço que é destinado ao consumo individual, como roupas, alimentos e medicamentos.

Benfeitoria – obra útil realizada em coisas móveis ou imóveis com o objetivo de conservá-las ou melhorá-las.

Benfeitoria necessária – aquela que conserva a coisa, móvel ou imóvel, ou lhe impede a deterioração.

Benfeitoria útil – aquela que facilita o uso da coisa, móvel ou imóvel.

Benfeitoria voluptuária – aquela que não aumenta o uso habitual da coisa, constituindo simples deleite ou recreio.

Bens de produção – bens materiais de valor econômico destinado ao aumento da capacidade de produção.

Braçada/braça – antiga unidade de medida de comprimento, equivalente a 10 palmos, ou seja, 2,2 m no Brasil. Desse modo, 1 palmo = 8 polegadas = 22 cm. Pode ser chamada também de braça.

Braça/braçada também é unidade de comprimento do sistema inglês, equivalente a cerca de 1,8 m.

Built to suit – modalidade de operação imobiliária que pode ser traduzida como construção sob medida, consistindo em um contrato pelo qual um investidor viabiliza um empreendimento imobiliário segundo os interesses de um futuro usuário, que irá utilizá-lo por um período preestabelecido, garantindo o retorno do investimento e a remuneração pelo uso do imóvel.

C

Cadastro de Pessoas Físicas (CPF) – registro que identifica o contribuinte pessoa física perante a Secretaria da Receita Federal (SRF). Armazena as informações cadastrais da pessoa, fornecidas pelo próprio contribuinte e pelos outros sistemas de dados da SRF.

Capacidade processual ativa e passiva – capacidade de a pessoa ser parte (autor ou réu) e estar em juízo, ou seja, está em pleno gozo do exercício de seus próprios direitos na relação jurídica processual. A pessoa, jurídica ou natural, possui na relação processual a capacidade de direito (adquire direitos) e a capacidade de exercício (gera seus próprios direitos).

Cartório de Registro de Imóveis – repositório de informações sobre as situações jurídicas relativas a bens imóveis. Pelo registro, se constituem, se alteram e se extinguem os direitos reais sobre imóveis. Sua missão essencial é prover a publicidade de todas as informações concernentes à propriedade imóvel, revestindo-as com o caráter de autenticidade, oficialidade e eficácia para produzir todos os efeitos.

Cartório de Títulos e Documentos – cartório que registra documentos como atas de condomínio, contratos de locação, notificações, principalmente contratos que têm como objeto bens móveis. Possui como atribuição legal: arquivar, dar publicidade, validade e perpetuar os negócios realizados entre pessoas físicas e/ou jurídicas.

Caução – depósito de títulos ou valores efetuado para o credor, visando a garantir o cumprimento de obrigações assumidas.

Cedente – pessoa que transfere a outrem direito, posse ou propriedade.

Cédula de crédito imobiliário (CCI) – um título de crédito, representando uma promessa direta de pagamento ou promessa de entrega de produtos, com ou sem garantia real ou fidejussória.

CCI cartular – aquela que se apresenta na forma dos tradicionais títulos de crédito. O título de crédito se materializa numa cártula, ou seja, num papel ou documento. É a forma tradicional de emissão e circulação de títulos de crédito.

CCI escritural – título emitido por instrumento público ou particular. Fica custodiado em instituição financeira e registrado em sistemas de registro e liquidação financeira de títulos privados, autorizados pelo Banco Central do Brasil.

Cédula fracionária – quando o título representa apenas parte do crédito imobiliário.

Cédula integral – quando o título representa a totalidade do crédito imobiliário.

Certidão conjunta de quitação de tributos e contribuições federais e dívida ativa da União – documento emitido pela Secretaria da Receita Federal e Procuradoria-Geral da Fazenda Nacional que comprova quitação de tributos e contribuições federais.

Certidão de inteiro teor – cópia reprográfica, certificada, de ato arquivado.

Certidão negativa de débitos (CND) – documento de prova de inexistência de débito com relação às contribuições destinadas à Seguridade Social, a fim de que as empresas e equiparados se habilitem à prática de determinados atos previstos em lei. A certidão negativa de débito não isenta o contribuinte da responsabilidade por dívidas apuradas pela fiscalização. É emitida pela Secretaria da Receita Federal do Brasil. A certidão negativa é válida por 180 (cento e oitenta) dias.

Certificado de cadastro de imóvel rural (CCIR) – emitido pelo Incra, é documento indispensável para desmembrar, arrendar, hipotecar, vender ou prometer em venda o imóvel rural e para homologação de partilha amigável ou judicial sucessão *causa mortis*.

Certificado de recebíveis imobiliários (CRI) – títulos de renda fixa lastreados em créditos imobiliários (fluxo de pagamentos de contraprestações de aquisição de bens imóveis, ou de aluguéis) emitidos por sociedades securitizadoras.

Certificados de potencial adicional de construção (Cepacs) – instrumentos de captação de recursos para financiar obras públicas.

Cessão fiduciária de cotas de fundo de investimentos – modalidade de garantia, na qual são ofertadas, em garantia, cotas de um fundo de investimento do locatário para o locador.

Cessionário – pessoa que recebe de outrem direito, posse ou propriedade.

Central de Custódia e de Liquidação Financeira de Títulos Privados (Cetip) – empresa de custódia e liquidação financeira da América Latina. Criada em 1986 para garantir mais segurança e agilidade às operações realizadas com títulos privados, eliminando o risco de extravio e fraudes. Oferece o suporte necessário a toda a cadeia de operações, prestando serviços integrados de custódia, negociação *on-line*, registro de negócios e liquidação financeira.

Cláusula de arrependimento – cláusula que fixa um prazo para qualquer das partes desistir de um contrato.

Cláusula geral – técnica de legislar pela qual a norma é redigida de forma intencionalmente genérica, com grande abertura semântica.

Código de Defesa do Consumidor – lei que estabelece normas de proteção e defesa do consumidor.

Comissão de Valores Mobiliários (CVM) – trata-se de autarquia federal criada para, juntamente com o Conselho Monetário Nacional, estabelecer as normas e diretrizes de funcionamento do mercado de valores mobiliários. Tem, sob sua jurisdição, as Bolsas de Valores e as sociedades corretoras, os bancos de investimento, as sociedades distribuidoras, as companhias abertas, os agentes autônomos de investimento, as carteiras de depósito de valores mobiliários, os fundos e as sociedades de investimento, os auditores independentes e os consultores.

Companhia securitizadora de créditos imobiliários – instituição não financeira, constituída sob a forma de sociedade por ações. Tem por finalidade a aquisição e securitização de créditos e a emissão e colocação, no mercado financeiro, de certificados de recebíveis imobiliários, podendo emitir outros títulos de crédito, realizar negócios e prestar serviços compatíveis com suas atividades.

Condomínio edilício – também chamado de *instituto da propriedade horizontal* é a propriedade privada conjugada com a compartilhada, ou seja, um imóvel constituído de edificações com partes de propriedade exclusiva e comum, conjuntamente.

Condomínio fechado – tipo de organização habitacional em que diversos prédios ou casas ocupam um mesmo ambiente fechado, respeitando a privacidade de cada habitação.

Confrontações do imóvel – imediações de um imóvel, em todas as direções: norte, sul, leste e oeste.

Contrato de adesão – documento cujas cláusulas foram estabelecidas de modo unilateral pelo provedor de bens ou serviços, sem que o consumidor possa interferir no conteúdo.

Contrato preliminar – contrato pelo qual as partes se comprometem a firmar um novo contrato, tido como principal.

Contrato social – contrato pelo qual duas ou mais pessoas se obrigam a contribuir, reciprocamente, com bens ou serviços para o exercício da atividade econômica. Representa o entendimento dos sócios quanto a seus direitos e deveres, com vistas à realização do objeto da sociedade.

Convenção de condomínio – contrato pelo qual se constitui o condomínio edilício. É ele que regerá a relação entre os condôminos (isto é, os proprietários das unidades autônomas) no que diz respeito à utilização e administração das áreas comuns.

Credor – pessoa titular de um crédito ou que tem a receber de outrem uma certa obrigação. O credor, se não for pago, pode executar a dívida, cobrando-a e levando a firma aos cartórios e à justiça.

Cristiano Chaves de Farias – promotor de Justiça do estado da Bahia; mestre em ciências da família na Sociedade Contemporânea pela Universidade Católica do Salvador (UCSal); professor do Curso Juspodivm e das Faculdades Jorge Amado; membro do Instituto Brasileiro de Direito de Família (IBDFAM) e do Instituto Brasileiro de Direito Processual (IBDP).

D

Dação em pagamento – extinção de uma obrigação de pagamento de dívida em que o credor aceita receber como pagamento algum bem diferente do que estava determinado no contrato. Determinado o valor do bem oferecido em substituição, as relações entre as partes regulam-se pelas normas de compra e venda.

Debêntures – títulos de dívida, de médio e longo prazos, emitidos pelas sociedades anônimas. Conferem ao debenturista (aquele que detém o título) direito de crédito contra o emissor. Esses títulos são nominativos e negociáveis.

Representam fração de um empréstimo global, contraído pela companhia como forma de captação. Oferecem, como atrativo, juros, prêmios e outros rendimentos, fixos ou variáveis.

Demonstração financeira – demonstração das principais contas da empresa (relatadas no balanço patrimonial), de resultados, de origens e aplicações de recursos, de alterações no patrimônio líquido e de notas explicativas.

Denúncia cheia – denúncia de contrato de locação feita pelo locador por motivos específicos e previstos em lei.

Denúncia vazia – faculdade que tem o locador de denunciar o contrato de locação por conveniência própria, independentemente de qualquer motivo, no término do prazo contratualmente estabelecido.

Desapropriação – ato de extinguir o direito de propriedade privada. Em geral, é um ato exclusivo do Poder Estatal, que passa a ser proprietário do que foi desapropriado.

Desapropriação-sanção – modalidade excepcional de expropriação decorrente do não atendimento à função social da propriedade, em que a indenização é paga em títulos de dívida pública, de emissão autorizada pelo Senado Federal, e cuja liberação ocorre em prestações anuais e sucessivas, dentro do período de 10 anos.

Desmembramento – subdivisão de gleba em lotes destinados à edificação, com aproveitamento do sistema viário existente, desde que não implique a abertura de novas vias e logradouros públicos nem o prolongamento, modificação ou ampliação dos já existentes.

Despesas extraordinárias – despesas extras relacionadas à conservação estrutural do imóvel.

Despesas ordinárias – despesas que visam o custeio normal das áreas e serviços comuns do condomínio, ou seja, destinam-se de maneira geral a cobrir gastos com o funcionamento dos serviços e com pequenas despesas de conservação das áreas comuns.

Devedor fiduciante – o devedor na alienação fiduciária.

Direito de passagem – direito do dono do prédio rústico ou urbano de reclamar do vizinho a passagem, já que seu imóvel acha-se encravado em outro, sem saída pela via pública.

Direito de propriedade – faculdade da pessoa física ou jurídica de ter, usar, gozar e dispor de um bem corpóreo ou incorpóreo, bem como de reivindicá-lo de quem injustamente o detenha.

Direito hereditário – aquele que se transmite por herança.

Direito pessoal – aquele que uma pessoa tem de exigir de outra que dê, faça ou não faça alguma coisa.

Direito privado – conjunto dos preceitos e das normas que regulam a condição civil dos indivíduos e das coletividades organizadas (pessoas jurídicas), inclusive o Estado e as autarquias, bem como os modos pelos quais se adquirem, conservam, desfrutam e transmitem bens e também relações de família e sucessões.

Direito real – relação entre o homem e os bens. Recai diretamente sobre uma coisa; por isso, é também chamado de direito das coisas ou direito de propriedade.

Direito real de aquisição – direito real do promitente comprador.

Direito real de superfície – direito real de ter construção ou plantação em solo alheio por um determinado prazo.

Direitos de vizinhança – limitações impostas pela boa convivência social que se devem inspirar na boa-fé e lealdade entre os moradores de prédios. O direito de vizinhança deve ser utilizado de maneira que torne possível a coexistência social pacífica entre os vizinhos.

Direitos fundamentais – direitos basilares que os indivíduos, natural e universalmente, detêm em face do Estado. Tais direitos são considerados indispensáveis à pessoa humana e necessários para que seja assegurada a todos uma existência digna, livre e igual.

Dissolução de condomínio – ação judicial de divisão de bem imóvel entre os proprietários.

Distrato – resolução amigável de um contrato.

Domínio – propriedade plena.

E

Emenda da mora – também chamado de purgação da mora é o ato de pagamento de dívida (aluguel) em atraso, sendo um direito do inquilino mantido pela Lei do Inquilinato.

Erga omnes – significa "para com todos". O que é válido contra todos. Termo usado no meio jurídico para indicar que os efeitos de algum ato atingem todos os indivíduos indistintamente.

Escritura pública – forma pela qual um documento é celebrado, perante um Tabelionato de Notas, tornando-se público. A utilização mais comum é para formalizar a aquisição de um imóvel ou na constituição de outros direitos reais (exemplo: hipoteca), mas é utilizada também em outros atos.

Estatuto da Cidade – nome dado à Lei nº 10.257/2001, responsável por estabelecer normas de ordem pública e interesse social que regulam o uso da propriedade urbana em prol do bem coletivo, da segurança e do bem-estar dos cidadãos, bem como do equilíbrio ambiental.

Estatuto da Terra – criado pela Lei nº 4.504/64, regula o arrendamento rural e a parceria agrícola.

Estatuto social – regras que expressam os princípios que regem a organização de uma sociedade.

Execução judicial – execução que se processa perante órgão judicial.

Exigibilidade – momento a partir do qual se pode reclamar o cumprimento imediato de uma obrigação.

F

Faixa de fronteira – faixa interna de 150 km de largura, paralela à linha divisória terrestre do território nacional.

Fato do produto – responsabilidade que o fabricante, o produtor, o construtor, nacional ou estrangeiro, e o importador respondem, independentemente da existência de culpa, pela reparação dos danos causados aos consumidores por defeitos decorrentes de projeto, fabricação, construção, montagem, fórmulas, manipulação, apresentação ou acondicionamento de seus produtos, bem como por informações insuficientes ou inadequadas sobre sua utilização e riscos.

Fato jurídico – toda ocorrência, natural ou humana, capaz de produzir efeitos jurídicos.

Fé pública – presunção que se deve ter a repeito dos documentos emanados de autoridades públicas ou de serventuários de justiça em virtude da função ou ofício exercido.

Fiador – aquele que presta fiança a alguém.

Fiança – contrato pelo qual uma pessoa (fiador) garante satisfazer ao credor uma obrigação assumida pelo devedor, caso este não a cumpra.

Fideicomisso – garantia da integridade de um patrimônio de família, geralmente bens de raiz, e pela qual um testador cede ao testamentário/

legatário apenas o usufruto dos bens legados, estabelecendo a obrigação de, por sua morte, transferi-los íntegros a seu herdeiro ou legatário.

Foro – extensão territorial onde determinado juízo exerce sua competência.

Fração ideal – cota-parte ideal do terreno e de todas as áreas comuns, que corresponderá à unidade autônoma a ser construída sob o regime da incorporação imobiliária.

Fração mínima de parcelamento (FMP) – menor área em que um imóvel rural, em um dado município, pode ser desmembrado.

Fraude a credores – diminuição dolosa do patrimônio do devedor, promovida por este com o objetivo de prejudicar os credores.

Fraude à execução – alienação ou oneração de bens, por parte do devedor, quando contra ele já corria demanda capaz de reduzi-lo à insolvência.

Fundação pública – instituição, criada e mantida pelo Poder Público, com finalidades filantrópicas, educacionais, assistenciais, culturais, científicas ou tecnológicas, tendo, como fundamento de sua existência, um patrimônio destinado a um fim.

Fundo de comércio – reunião de bens, corpóreos e incorpóreos, que facilita o exercício da atividade mercantil.

Fundos de investimento em diretos creditórios (FIDCs) – comunhão de recursos que destina parcela preponderante de seu patrimônio líquido para aplicação em direitos creditórios. Os FIDCs são também conhecidos como Fundos de Recebíveis.

Fundos de investimento em participações (FIPs) – comunhão de recursos captados por meio do sistema público de distribuição, que destina uma parcela preponderante do respectivo patrimônio para a aquisição de ações, debêntures, bônus de subscrição ou outros títulos e valores mobiliários conversíveis ou permutáveis em ações.

Fundos de investimentos imobiliários (FIIs) – comunhão de recursos, captados por meio do sistema de distribuição de valores mobiliários e destinados à aplicação em empreendimentos imobiliários. É constituído sob a forma de condomínio fechado, em que o resgate de cotas não é permitido.

G

Georreferenciamento – procedimento de mapeamento de imóveis rurais com vértices e coordenadas fixados pelo sistema Geodésico Brasileiro.

Gleba – terreno não urbanizado.

Gravame – restrição legal ou contratual existente sobre um imóvel, bem como o direito de terceiros sobre um imóvel de outrem, sujeitando seu proprietário a observá-la. Como exemplos de gravames, podemos citar a hipoteca, a promessa de compra e venda, a servidão e a penhora judicial.

H

Habitação – direito real de uma pessoa com sua família de habitar gratuitamente casa alheia.

Hipoteca – oneração de um bem imóvel ou a ele equiparado, com o objetivo de assegurar o pagamento de uma dívida.

Honorário – remuneração concedida ao advogado, ou outro profissional liberal, pelos serviços profissionais prestados.

I

Imissão na posse – ato pelo qual alguém é imitido na posse direita de um bem. É o meio de aquisição de posse a que se tem direito.

Imposto sobre propriedade predial e territorial urbano (IPTU) – tributo de competência dos municípios, tendo como fato gerador a propriedade, o domínio útil ou a posse de bem imóvel por natureza ou por acessão física, como definido na lei civil, localizado na zona urbana do município.

Imposto sobre a propriedade territorial rural (ITR) – tributo cujo fato gerador é a propriedade, o domínio útil ou a posse de imóvel por natureza, localizado fora da zona urbana do município, de competência da União.

Imposto sobre a transmissão de bens imóveis (ITBI) – cobrança que incide sobre a transmissão de direitos reais sobre bens imóveis, por ato intervivos e oneroso, exceto os direitos reais de garantia. É de competência municipal.

Inadimplemento – falta de cumprimento de um contrato ou de qualquer obrigação.

Incorporação – negócio jurídico pelo qual se contrata a construção de unidades autônomas para alienação durante a construção. É regida pela Lei nº 4.591/64.

Incorporador – pessoa física ou jurídica, comerciante ou não, que, embora não efetuando a construção, compromisse ou efetive a venda de frações ideais de terreno, objetivando a vinculação de tais frações a unidades autônomas, em edificações a serem construídas ou em construção sob regime condominial, ou que meramente aceite propostas para efetivação de tais transações, coordenando e levando a termo a incorporação e responsabilizando-se, conforme o caso, pela entrega, a certo prazo, preço e determinadas condições, das obras concluídas.

Instituto Nacional de Colonização e Reforma Agrária (Incra) – órgão do governo federal responsável pela implementação da política de reforma agrária e realização da organização fundiária nacional.

Interdito proibitório – ação que o possuidor pode ajuizar como forma de proteção preventiva da posse, caso tenha receio de ter sua posse ameaçada.

Irrevogável – não revogável, que não se pode anular.

Irretratável – aquilo que não se pode submeter a novo trato ou acordo; irrevogável.

J

José Roberto Whitaker Penteado – um dos mais conhecidos e respeitados profissionais de marketing do Brasil. É membro do Conselho Superior da Escola Superior de Propaganda e Marketing (ESPM) – instituição à qual está ligado há mais de três décadas. Foi diretor do primeiro curso regular de marketing no Brasil, criado pela Fundação Brasileira de Marketing, em São Paulo. Exerceu funções executivas em empresas brasileiras e multinacionais. Jornalista colaborador em muitas publicações, é também professor, conferencista, consultor de empresas, escritor e poeta. Tem sido um defensor constante da correta aplicação das técnicas e métodos de marketing à realidade econômica e cultural do Brasil.

Sua formação acadêmica inclui graduações em economia e pedagogia, mestrado em ciências políticas (Iuperj) e doutorado em comunicação e cultura (ECO/UFRJ). Tem oito livros publicados. Foi também o redator e coordenador do Código de Ética do Profissional de Marketing do Brasil. Atualmente, dirige o Instituto Cultural da ESPM, em São Paulo.

Junta Comercial – órgão estadual a quem compete: o assentamento de usos e práticas mercantis; o registro das empresas, individuais ou coletivas; a habilitação e nomeação de tradutores públicos e intérpretes comerciais, funcionando como órgão profissional destas categorias profissionais; a expedição da carteira de exercício profissional de comerciante e demais pessoas legalmente inscritas no registro de empresa.

Juntada do mandado de citação – procedimento de inclusão da ordem escrita expedida pelo juiz no sentido de que seja citada, isto é, chamada a juízo, a pessoa demandada por outra, a fim de que, se defenda na ação contra ela proposta.

Juros de mora – penalidades pelo retardamento do cumprimento da obrigação ou pela utilização indevida do capital alheio.

Justo título – título, genericamente considerado, hábil a conferir direito de propriedade, se não contivesse um determinado defeito. Portanto, o justo título possui um estado de aparência que permite concluir estar o sujeito gozando da posse de determinado bem de boa-fé, até que circunstâncias outras provem o contrário.

L

Lastro – fato que ocorre quando a emissão de algum título está baseada na posse de outra mercadoria com valor intrínseco. Um bom exemplo é o caso do ouro que lastreou o dólar por muitos anos na economia.

Laudêmio – pagamento devido ao senhorio direto, quando da alienação de propriedade imobiliária usufruída em regime de enfiteuse. Pagamento que o proprietário de um imóvel à venda deve fazer ao proprietário com direito real.

Laudo de avaliação – documento que determina, após a avaliação, o valor de um bem.

Letra hipotecária – título de crédito que tem, como lastro, financiamentos garantidos pela caução de créditos hipotecários. Esse investimento é indicado para pessoas físicas que estão à procura de segurança com alta rentabilidade.

Locador – indivíduo parte no contrato de locação que dá a coisa locada.

Locatário – indivíduo parte no contrato de locação que recebe a coisa locada.

Loteamento – subdivisão de gleba em lotes destinados à edificação, com abertura de novas vias de edificação, de logradouros públicos, ou prolongamento, modificação ou ampliação das vias existentes.

M

Manancial hídrico – nascente de água abundante.

Manutenção na posse – ação na qual o possuidor tem direito a ser mantido na posse em caso de turbação e reintegrado no esbulho. A ação de manutenção de posse compete ao possuidor, perfeito ou imperfeito, ainda que a posse seja injusta, ou viciosa, contanto que não seja relativamente ao réu.

Matrícula – expressão numérica designada para caracterizar e individualizar cada imóvel perante o Cartório do Registro de Imóveis.

Meação – ato de mear, divisão de algo (herança) ao meio.

Medida extrajudicial – ato praticado fora do juízo, voluntariamente, sem formalidade processual ou judicial, mas com capacidade de produzir efeitos jurídicos.

Medida judicial – providência determinada por autoridade judiciária.

Memorial de incorporação – conjunto de documentos que o incorporador tem que registrar no Cartório do Registro de Imóveis para iniciar a negociação de unidade imobiliária.

Memorial descritivo – tipo de memorial que objetiva descrever e especificar de forma clara os serviços a serem executados, explicando o projeto, os conceitos utilizados, as normas adotadas, etc.

Módulos de exploração indefinida – unidade de medida, em hectares, a partir do conceito de módulo rural, sem levar em conta a exploração econômica estabelecida para uma determinada região definida, que é a zona típica de módulo (ZTM), determinada pelo Incra.

N

Nelson Rosenvald – graduado pela Universidade do Estado do Rio de Janeiro, possui mestrado em direito pela Pontifícia Universidade Católica de São Paulo (2004) e doutorado em direito pela Pontifícia Universidade Católica de São Paulo (2007). Procurador de Justiça do Ministério Público de Minas Gerais e professor de direito civil do curso Praetorium BH e RJ, especializado na preparação de candidatos para concursos na área jurídica. Associado fundador do Instituto de Direito Privado (IDP) e autor de livros conceituados na área do direito em todo o país.

O

Obrigação – vínculo de direito em que um sujeito passivo (devedor) tem de dar, fazer ou não fazer uma prestação a um sujeito ativo (credor).

Obrigação de dar – aquela em que o devedor apenas se compromete a entregar ou restituir alguma coisa, móvel ou imóvel.

Obrigação de fazer – vínculo de direito que obriga um sujeito passivo (devedor) a praticar um ato ou realizar uma tarefa a um sujeito ativo (credor).

Obrigação de não fazer – abstenção a que o devedor se obriga em relação a algo.

Obrigação *propter rem* – em latim, significa obrigação acessória real.

Oneração – ação ou processo de onerar, de impor ônus ou obrigação a alguém ou algo.

Ônus – todo encargo, dever ou obrigação que pesa sobre coisa ou pessoa, em virtude do que está obrigada a respeitá-la ou a cumpri-la.

P

Pacta sunt servanda – locução latina que significa "contratos devem ser cumpridos". Expressa a obrigatoriedade do cumprimento das cláusulas contratuais. Princípio da força obrigatória dos contratos, segundo o qual o contrato obriga as partes nos limites da lei.

Parceiro-outorgado – pessoa que, em um contrato de parceria rural, recebe os bens cedidos pelo parceiro-outorgante.

Parceiro-outorgante – aquele que, em um contrato de parceria rural, é o cedente, sendo proprietário ou não, que entrega os bens.

Patrimônio de afetação – figura jurídica que introduz uma mudança na Lei nº 4.591/64, em que um empreendimento imobiliário fica separado do patrimônio da incorporadora.

Penhor – segundo o dicionário Aurélio, "direito real que vincula coisa móvel, ou mobilizável, a uma dívida, como garantia do pagamento desta". Bem móvel pertencente a um devedor dado em garantia a seu credor para assegurar a liquidação de sua dívida.

Penhor é um instituto jurídico distinto do instituto jurídico da penhora. O primeiro é o direito real de garantia vinculado a objeto jurídico possível, enquanto o segundo decorre de decisão judicial em processo, com vistas à garantia do adimplemento de determinada obrigação objeto da querela. O verbo de ação pertinente ao primeiro caso é empenhar, enquanto no segundo caso é penhorar.

Perpetuidade dos direitos reais – a perpetuidade do direito significa que a propriedade dura enquanto durar a coisa. Ou seja, até o perecimento da coisa, o direito subsiste.

Personalidade jurídica – elemento que qualifica um ser como portador de direitos de ordem jurídica. Todo ser humano ganha personalidade jurídica ao nascer.

Pessoa física – indivíduo considerado singularmente como pessoa portadora de direitos e deveres de ordem civil. Trata-se do ser humano. Também conhecida por pessoa natural.

Pessoa jurídica – entidade abstrata com existência e responsabilidade jurídicas legalmente autorizadas.

A pessoa jurídica pode ser de direito público (União, Unidades Federativas, Autarquias, etc.) ou de direito privado (empresas, sociedades simples, associações, etc.).

Petição inicial – peça escrita na qual o autor formula seu pedido, expondo os fatos e sua fundamentação legal, contra o réu, dando início ao processo.

Plano diretor – lei municipal que estabelece diretrizes para a ocupação de uma cidade de população superior a 20 mil habitantes. Define a política de desenvolvimento e expansão urbana, estabelecendo um modelo compatível com a proteção dos recursos naturais, em defesa do bem-estar da população.

Posse ad usucapionem – posse na qual se poderá adquirir a propriedade da coisa por meio de usucapião, ou seja, pelo decurso de tempo e mediante alguns requisitos, analisados caso a caso.

Posse de boa-fé – aquela em que o possuidor a exerce na crença, e na certeza de que é o proprietário da coisa, uma vez que desconhece qualquer vício ou impedimento para sua aquisição.

Posse direta – posse daquele que detém materialmente a coisa, exercendo sobre ela os poderes do proprietário, sem nenhum obstáculo.

Posse indireta – posse daquele que entrega a coisa a outrem, em virtude de uma relação jurídica existente entre eles, como no caso de contrato de locação, depósito, comodato e tutela, quando couber ao tutor guardar os bens do tutelado. Nesta, portanto, não há contato físico do possuidor com a coisa.

Posse de má-fé – aquela que o possuidor tem ciência da ilegitimidade de seu direito de posse, em razão de vício ou obstáculo impeditivo de sua aquisição.

Prêmio do seguro contra incêndio – valor pago pelo segurado à seguradora para que a mesma assuma a responsabilidade pela indenização de todos e quaisquer incêndios, independentemente de suas origens, que possam ocorrer no imóvel.

Prenotação – anotação provisória, redigida por oficial público competente, em títulos ou documentos dependentes de registro público.

Princípio da boa-fé – interesse social da segurança das relações jurídicas em que as partes devem agir com lealdade e confiança recíprocas.

Princípio de pagamento – sinal dado por uma das partes a outra marcando o início da execução do negócio.

Prolatar – proferir, pronunciar.

Promessa de compra e venda – contrato preliminar ou pré-contrato, celebrado por instrumento público ou particular, em que o proprietário de um bem, móvel ou imóvel, assume o compromisso de vendê-lo ao outro contratante que, por sua vez, se compromete a comprá-lo em determinado prazo e por preço certo, nas condições estipuladas pelo mesmo instrumento.

Promitente – pessoa que faz certa promessa ou assume uma obrigação; promissor. Em termos jurídicos é a pessoa que assume uma responsabilidade legal. Diz-se também de cada uma das partes no contrato de promessa de compra e venda.

Promitente cessionário – pessoa que promete ou faz promessa de cessão de bens ou de direito.

Propriedade fiduciária – propriedade de caráter temporário transferida pelo devedor ao credor, com a finalidade de garantir uma dívida.

Propriedade intelectual – soma dos direitos regulamentados pela Convenção da Organização Mundial da Propriedade Intelectual (OMPI), que tem, por finalidade primordial, tutelar o esforço despendido pelo ser humano, relativo às obras literárias, artísticas e científicas.

Propriedade resolúvel – propriedade que está sujeita a uma determinada condição, ou seja, a pessoa só é proprietária daquele bem até que aquela condição seja implementada. Uma vez implementada a condição, a pessoa perde a propriedade, isto é, ela se resolve em favor do proprietário original.

Q

Quórum – quantidade de votos necessários para que uma determinada deliberação seja considerada válida.

R

Recebíveis imobiliários – créditos decorrentes de contratos imobiliários, tais como promessa de compra e venda, compra e venda com alienação fiduciária, contrato de locação, etc.

Regime condominial – tipo de estatuto que disciplina as relações internas dos condôminos, regulando seus deveres e direitos. Institui restrições à liberdade de ação de cada um, em benefício da coletividade e estabelece regras proibitivas e imperativas, a que todos se sujeitam, sendo necessária a aprovação de todos os envolvidos.

Regime fiduciário – regime instituído sobre créditos que lastreiam a emissão, unilateralmente, pela companhia securitizadora. Por esse regime, os créditos afetados são segregados do patrimônio comum da companhia, passando a constituir patrimônio separado e não sendo alcançados no caso de falência.

Registro Civil de Pessoas Jurídicas – órgão competente para registrar os atos constitutivos e todas as alterações que se refiram às sociedades simples, associações e fundações, e que não se enquadrem dentro do Registro de Comércio.

Registro contábil – operação econômica e financeira efetuada pela empresa e os resultados ocorridos nela, em um determinado período.

Registro de Imóvel – cartório em que se faz inscrição do documento que confere autenticidade à propriedade do imóvel.

Reintegração de posse – procedimento que visa à recuperação de um bem, promovido por seu possuidor a título legal, contra o esbulhador, ou terceiro que o recebeu.

Remembramento – procedimento administrativo destinado a realizar a fusão ou unificação de dois ou mais terrenos, para a formação de novo lote, pelo reagrupamento de lotes contíguos, com a decorrente constituição de um terreno maior.

Remição hipotecária – direito concedido a certas pessoas de liberar o imóvel onerado, mediante pagamento da quantia devida independentemente do consentimento do credor.

Responsabilidade objetiva – responsabilidade em que, existentes o ato lesivo, o dano do lesado e o nexo de causalidade entre o ato e o dano, torna-se juridicamente desnecessária a culpa para que fique caracterizada a necessidade de indenizar o lesado por prejuízos em que tenha sido vítima.

Retomada imotivada – ação de despejo sob o fundamento da retomada do prédio pelo locador, sem que este tenha o dever de apresentar o motivo.

Retomada motivada – ação de despejo em que há previsão legal para a retomada do imóvel pelo locador.

Rito sumário – rito processual em que é feita uma apresentação resumida das provas e dos argumentos.

S

Seguro de fiança locatícia – tipo de seguro destinado a garantir o valor do pagamento de aluguéis do segurado. Garante também o pagamento de indenização, ao segurado, dos prejuízos que venha a sofrer em decorrência do inadimplemento do locatário em relação à locação do imóvel urbano.

Sistema de Financiamento Imobiliário (SFI) – sistema que tem por finalidade promover o financiamento imobiliário em geral, segundo condições compatíveis com as da formação dos fundos respectivos.

Sistema Geodésico Brasileiro – conjunto de pontos geodésicos implantados no país, determinados e calculados segundo procedimentos operacionais fixos e modelos geodésicos padrão, previstos em lei.

Sociedade de propósito específico – modelo de organização empresarial pelo qual se constitui uma nova empresa limitada ou sociedade anônima com um objetivo específico.

T

Tarefa baiana – medida utilizada na Bahia que corresponde a uma área de 30 x 30 braços. Portanto uma tarefa é igual a 4.356 m². No entanto, existem outras medidas de tarefas em outros estados.

Termo de quitação – documento escrito em que o credor reconhece ter recebido o pagamento e exonera o devedor da obrigação.

Terra nua – imóvel por natureza ou acessão natural, compreende o solo com sua superfície e a respectiva mata nativa, floresta natural e pastagem natural. A legislação do imposto territorial rural adota o mesmo entendimento da legislação civil.

Título aquisitivo do imóvel – documento hábil a transferir a propriedade do imóvel aos compradores.

Título de crédito nominativo – título emitido em nome de uma pessoa determinada.

Títulos privados – papéis emitidos por instituições financeiras e empresas.

Topografia – arte de representar, no papel, a configuração de uma porção do terreno com todos os acidentes e objetos que se achem à sua superfície. Descrição ou delineação minuciosa de uma localidade.

Turbação – efeito de turbar-se, turvo; característica de desassossego, inquietação.

U

Unidade autônoma – qualquer unidade habitacional (apartamento, *flat*, chalé, etc.) ou profissional (sala, loja, escritório, conjunto, etc.). É o elemento principal, o objeto de propriedade exclusiva.

Usucapião – uma das formas de aquisição da propriedade imobiliária por meio da posse de um imóvel, exercida de forma mansa e pacífica, sem oposição de terceiros, durante um determinado período de tempo, ininterruptamente.

Usufruto – direito de gozar, temporária e plenamente, de coisa ou direito alheio sem alterar sua forma ou substância.

V

Valor mobiliário – termo genérico usado para denominar papéis e títulos com valores que oscilam, como títulos públicos, CDBs, ações, etc.

Variação cambial – indica, em termos percentuais, a variação da taxa de câmbio em um determinado período de tempo.

Vício do produto – aquilo que o torna impróprio para o consumo, diminui seu valor, ou está em desacordo com as informações de oferta ou mensagem publicitária.

Autoavaliações – Gabaritos e comentários

Módulo I – Introdução ao direito imobiliário

Questão 1:

Gabarito: a

a) verificar se o prédio possui o habite-se e a certidão negativa de débitos de INSS devidamente registrados na matrícula.
b) analisar o certificado de cadastro de imóvel rural, a fim de verificar se o imóvel atinge os índices de produtividade determinados por lei.
c) confirmar que o adquirente é pessoa física ou jurídica, de nacionalidade brasileira, tendo em vista as limitações a que os estrangeiros estão sujeitos.
d) verificar se está registrado, na matrícula do imóvel, o memorial descritivo do mesmo, assinado por profissional habilitado e contendo as coordenadas dos vértices definidores dos imóveis limítrofes.

Comentários:

Tanto o certificado de cadastro de imóvel rural quanto o georreferenciamento são exigidos somente para os imóveis rurais, os quais estão sujeitos às restrições para aquisição por estrangeiros no Brasil.

Questão 2:

Gabarito: d

a) suas ações não podem ser propostas mais de uma vez contra um mesmo violador.
b) apenas obriga as partes contratantes, pois não prevalece contra os demais indivíduos.

c) consiste na relação obrigacional, entre credor e devedor, que tem por objeto uma prestação de contas.
d) o titular do direito real tem a prerrogativa de exercer seu direito sobre a coisa. Todos os demais devem respeitar tal prerrogativa.

Comentários:

Uma das características dos direitos reais é o direito de sequela e sua oponibilidade contra toda e qualquer pessoa. Dessa forma, o titular do direito real tem o poder de exercer tal direito com quem esteja o bem, podendo impor seu direito a qualquer pessoa que o viole.

Questão 3:

Gabarito: c

a) passa a ser – com a celebração da referida escritura de compra e venda – a legítima proprietária do imóvel, de imediato.
b) passa a ser proprietária do imóvel, em condomínio com Camila, até que o registro da escritura de compra e venda seja efetuado.
c) somente terá a propriedade transferida para si definitivamente, quando a escritura estiver devidamente registrada no Cartório de Registro de Imóveis competente.
d) fica dispensada da celebração da escritura, uma vez que a quitação do preço de compra e venda do imóvel é suficiente para a transferência da propriedade do imóvel para Juliana.

Comentários:

Diferentemente dos direitos reais sobre coisas móveis, que são transmitidos com a simples tradição, os direitos reais sobre coisas imóveis só são constituídos ou transmitidos mediante o competente registro do título aquisitivo perante o competente Cartório de Registro de Imóveis.

Direito imobiliário /

Questão 4:

Gabarito: a

a) a celebração da promessa de compra e venda, em caráter irrevogável e irretratável.
b) o pagamento, pelo promissário comprador, de um mínimo de 80% do preço de aquisição do imóvel.
c) a apresentação, no contrato, de uma cláusula prevendo a possibilidade da propositura da adjudicação compulsória.
d) a desocupação completa do imóvel. Caso contrário, o promissário comprador deverá propor uma ação de despejo.

Comentários:

A adjudicação compulsória é o meio próprio para o promitente comprador adquirir a propriedade do imóvel, cuja compra e venda tenha sido contratada sem direito de arrependimento. Nesse caso, substitui-se a manifestação de vontade do vendedor por decisão judicial, desde que preenchidos os requisitos legais.

Questão 5:

Gabarito: d

a) a certidão enfitêutica.
b) a certidão de quitação fiscal.
c) a escritura de compra e venda lavrada em cartório de notas.
d) a certidão de inteiro teor e de ônus reais da matrícula do imóvel.

Comentários:

De acordo com a Lei nº 7.433/85, a certidão de inteiro teor e de ônus reais é um das certidões obrigatórias para a lavratura de escrituras públicas que versem sobre direitos reais sobre imóveis. Por meio da matrícula do imóvel, é possível identificar o legítimo proprietário, bem como a existência de ônus ou gravames sobre o imóvel.

Questão 6:

Gabarito: d

a) a venda realizada a Manuel poderá ser declarada nula, já que os imóveis gravados por hipotecas não podem ser alienados.
b) Manuel poderá devolver o imóvel a João, pois João não revelou a existência da hipoteca registrada na matrícula do imóvel.
c) se o Banco Tio Patinhas cobrar a dívida de João e executar a hipoteca, Manuel poderá impedir a execução da hipoteca, pois ele é o novo proprietário do imóvel.
d) **o banco poderá cobrar a dívida de João e executar a hipoteca – hipótese em que Manuel poderá perder o imóvel, que será levado a leilão judicial, pois a hipoteca tem preferência à venda efetuada a Manuel.**

Comentários:

Uma das características dos direitos reais é sua preferência com relação aos direitos reais constituídos posteriormente.

Questão 7:

Gabarito: a

a) **visa tornar público o ato praticado.**
b) garante que a compra e venda efetuada seja válida e eficaz.

c) decorre da vontade discricionária dos tabeliães de registros de imóveis.
d) garante que o negócio jurídico produza efeitos apenas entre as partes contratantes.

Comentários:

A partir do registro imobiliário, os atos praticados entre as partes passam a produzir efeito contra todos – *erga omnes*. Os atos registrais resultam de um rígido procedimento previsto em lei; por isso, são revestidos de segurança e fé pública. A autenticidade conferida ao registro imobiliário refere-se, tão somente, ao próprio registro, não significando a validade absoluta do negócio jurídico.

Questão 8:

Gabarito: b

a) a hasta.
b) as arras.
c) a caução.
d) a indenização.

Comentários:

As arras podem ter caráter confirmatório ou meramente indenizatório. De acordo com o art. 418 do Código Civil, se a parte que deu as arras não executar o contrato, poderá a outra parte considerá-lo desfeito, retendo o valor das arras.
Se quem recebeu as arras não cumprir o contrato, a parte que pagou as arras poderá considerar o contrato desfeito e exigir a devolução do valor pago mais um valor equivalente, com atualização monetária, juros e honorários advocatícios.

Questão 9:

Gabarito: c

a) a fraude contra credores é causa de ineficácia da alienação, enquanto a fraude à execução é causa de anulação da alienação.
b) tanto a fraude contra credores quanto a fraude à execução dependem, para sua caracterização, da má-fé do terceiro adquirente.
c) a fraude contra credores e a fraude à execução significam o esvaziamento do patrimônio do devedor, de uma forma tal que o torna incapaz de honrar suas dívidas.
d) a fraude contra credores pode ser verificada de ofício pelo juiz, enquanto a fraude à execução somente pode ser declarada por meio de uma ação judicial própria movida pelo credor prejudicado.

Comentários:

Os atos passíveis de anulação – como é o caso da fraude contra credores – produzem efeitos, até que seja determinada sua anulação. Já no caso da fraude à execução, apesar de o ato fraudulento existir e produzir efeitos entre as partes, não seria oponível aos credores do vendedor, que poderiam desconsiderá-lo, como se ele nunca tivesse existido. A fraude à execução pode ser declarada como fraude de ofício.

Questão 10:

Gabarito: c

a) a propriedade, o usufruto e a locação.
b) o condomínio, a superfície e a servidão.
c) a anticrese, a hipoteca e a alienação fiduciária.
d) a desapropriação, o usucapião e o direito hereditário.

Comentários:

Os direitos reais são regidos pelos princípios da taxatividade e da tipicidade. O princípio da taxatividade define que somente são direitos reais aqueles definidos pela lei como tal. Já o princípio da tipicidade estabelece que a forma de constituição, a perda e a transferência devem estar descritas em lei.

Módulo II – Condomínio e empreendimentos imobiliários

Questão 1:

Gabarito: d

a) não existe lei específica que trate da espécie, de forma que a empresa poderá instituir o condomínio da melhor maneira que desejar.
b) a empresa deverá aprovar, com a Prefeitura Municipal, um projeto de loteamento, por se tratar de um projeto de urbanização, nos moldes da Lei nº 6.766/79.
c) a empresa deverá realizar um desmembramento, de forma que cada casa será construída em um lote, sem qualquer relação jurídica com os demais lotes.
d) a empresa deverá registrar o memorial de incorporação, caracterizando o empreendimento como um condomínio horizontal, de acordo com as regras do art. 8º da Lei nº 4.591/64.

Comentários:

A Lei nº 4.591/64 estabelece, em seu art. 8º, a possibilidade de constituição de condomínios fechados ou horizontais, sendo as vias de circulação e ruas caracterizadas como área comuns. Tendo em vista que o empreendedor pretende vender unidades autônomas, ainda durante a construção, faz-se necessária a realização de uma incorporação imobiliária – tudo de acordo com o estabelecido na Lei nº 4.591/64.

Questão 2:

Gabarito: d

a) usar, fruir e livremente dispor das unidades comuns.
b) realizar seguro contra danos na edificação e cuidar das estruturas do condomínio.

c) diligenciar a conservação e a guarda das partes comuns, assim como prestar contas quando for necessário.
d) **não realizar obras que comprometam a segurança da edificação e dar, a suas partes, a mesma destinação que tem a edificação.**

Comentários:

A realização do seguro da edificação, a conservação, a guarda das partes comuns e a prestação de contas são atribuições do síndico. Já o uso das unidades do condomínio é direito dos condôminos. Um de seus deveres consiste em não realizar obras que comprometam a segurança da edificação e dar a suas partes a mesma destinação que tem a edificação.

Questão 3:

Gabarito: b

a) Lia e Vera não podem adquirir a parte de Afonso, pois não poderão aumentar sua participação sobre o bem.
b) **Lia e Vera terão direito de preferência na aquisição da parte de Afonso, em igualdade de condições com terceiros.**
c) a dissolução do condomínio somente poderá ocorrer se a proporção entre as participações de Lia e Vera se mantiverem inalteradas.
d) tendo em vista que a natureza do bem não permite sua divisão em partes proporcionais, Afonso é obrigado a ficar como coproprietário do imóvel, até que todos decidam vender o imóvel.

Comentários:

A indivisibilidade do condomínio não poderá ser fixada por prazo superior a cinco anos. Portanto, se algum condômino pretender alienar sua parte a terceiros, deverá garantir o direito de preferência aos demais condôminos. Em último caso, há a possibilidade de propor ação de dissolução de condomínio para a venda judicial do bem.

Questão 4:

Gabarito: c

a) não poderá participar de qualquer assembleia, pois não é condômina.
b) poderá comparecer à assembleia extraordinária, desde que Sílvia a acompanhe.
c) poderá participar da assembleia, se Sílvia não comparecer e lhe der procuração.
d) não poderá comparecer às assembleias extraordinárias e especiais, podendo apenas comparecer às assembleias ordinárias.

- Comentários:

Cristiana poderá participar das assembleias do condomínio, desde que tenha procuração para tal e Sílvia esteja ausente. Nesse caso, Cristiana poderá, inclusive, votar nas matérias que se refiram somente às despesas ordinárias do condomínio.

Questão 5:

Gabarito: c

a) o promitente comprador do terreno não pode ser incorporador, por falta de qualificação.
b) somente as pessoas jurídicas que atuam no mercado imobiliário podem ser incorporadoras.
c) o construtor ou corretor – na qualidade de procurador do legítimo proprietário do terreno – podem ser o incorporador.
d) o incorporador poderá ser o cessionário ou o promitente cessionário do terreno, ainda que o título aquisitivo tenha sido celebrado com cláusula de arrependimento.

Comentários:

Adicionalmente ao proprietário do terreno, o construtor ou o corretor também podem ser incorporador, desde que obtenham do proprietário do terreno ou do promitente comprador ou cessionário uma procuração. Essa procuração deve ser outorgada por instrumento público, conferindo poderes para concluir todos os negócios tendentes à alienação das frações ideais de terreno, na forma do disposto no §1º do art. 31 da Lei nº 4.591/64. É a chamada *incorporação por procuração*.

Questão 6:

Gabarito: b

a) somente garante a instituição financeira que financiar aquela construção.
b) **garante a construção e a entrega das unidades imobiliárias aos respectivos adquirentes.**
c) garante, ao empreendimento submetido a ele, todas as dívidas tributárias do incorporador.
d) possui personalidade jurídica distinta da personalidade do incorporador e garante a instituição financeira que financiar aquela construção.

Comentários:

A incorporação imobiliária submetida ao patrimônio de afetação é aquela na qual – a critério do incorporador – seu terreno e suas acessões, bem como os demais bens e direitos a ela vinculados, ficam segregados do patrimônio do incorporador, respondendo por dívidas relativas, exclusivamente, àquela construção.

Direito imobiliário /

Questão 7:

Gabarito: d

a) depende da concessão do habite-se, emitido pela Prefeitura Municipal competente.
b) apenas poderá ocorrer após a elaboração da competente convenção de condomínio.
c) só poderá ser iniciada depois da conclusão da construção de 25% do empreendimento – conforme previsto no respectivo projeto.
d) sem o devido registro do memorial de incorporação, perante o Cartório de Registro de Imóveis competente, constitui contravenção penal.

Comentários:

O memorial de incorporação é o conjunto dos documentos enumerados no art. 32 da Lei nº 4.591/64, referentes ao imóvel, ao incorporador e ao empreendimento. Somente a partir de seu registro no Cartório de Registro de Imóveis competente, é lícito ao incorporador negociar frações ideais de terreno.

Questão 8:

Gabarito: d

a) não é permitida a criação de espaços para áreas públicas, tampouco a criação ou a ampliação do sistema viário.
b) pode ser feito de forma discricionária, pelo loteador, que determinará a metragem dos lotes, a seu exclusivo critério.
c) assim como nos condomínios edilícios, nos loteamentos, as praças e as vias de circulação são áreas comuns dos titulares de lotes.

d) consiste na subdivisão de gleba em lotes destinados à edificação, com abertura de novas vias de circulação, de logradouros públicos, modificação ou ampliação das vias existentes.

Comentários:

Os desdobramentos não permitem a abertura de novas vias e logradouros públicos, nem no prolongamento, modificação ou ampliação dos já existentes.

Os loteamentos, no entanto, são subdivisões de gleba em lotes destinados a edificação, que permitem a criação de espaços para áreas públicas, assim como a criação ou a ampliação do sistema viário.

Questão 9:

Gabarito: a

a) os contratos relativos à incorporação imobiliária estão sujeitos às regras do CDC.
b) o incorporador não tem qualquer responsabilidade por vícios existentes na construção do prédio.
c) o incorporador não pode ser considerado como fornecedor, para os fins e efeitos da aplicação do CDC.
d) nos contratos de compra e venda de unidades em construção, o incorporador pode estabelecer que, no caso de rescisão, o adquirente perderá todo o valor pago.

Comentários:

Atualmente, não há qualquer discussão sobre a aplicação do Código de Defesa do Consumidor aos contratos de compra e venda de unidades em construção. Desse modo, o incorporador é considerado fornecedor e os adquirentes são considerados consumidores.

Questão 10:

Gabarito: c

a) condomínio edilício.
b) condomínio fechado.
c) condomínio voluntário.
d) condomínio necessário.

Comentários:

O condomínio voluntário é aquele caracterizado pela copropriedade, ou seja, duas ou mais pessoas são proprietárias de um mesmo bem.

Módulo III – Investimentos imobiliários

Questão 1

Gabarito: c

a) não podem representar apenas parte de um crédito.
b) dependem de escritura pública para sua constituição.
c) são títulos de crédito, representando uma promessa de pagamento.
d) não podem ser levadas a registro, em qualquer hipótese, pois não são um direito real.

Comentários:

De acordo com os parágrafos do art. 18 da Lei nº 10.931/2004, a emissão da CCI – sob a forma escritural – será feita mediante escritura pública ou instrumento particular e será averbada no Registro de Imóveis da situação do imóvel, na respectiva matrícula.

Questão 2:

Gabarito: b

a) as companhias securitizadoras e o Banco Central do Brasil.
b) as pessoas físicas ou jurídicas, detentoras de créditos imobiliários.
c) as sociedades de crédito imobiliário, caixas econômicas e companhias hipotecárias.
d) os bancos comerciais ou os bancos múltiplos com carteira de investimento ou carteira de crédito imobiliário.

Comentários:

Dispõe o §1º do art. 18 da Lei nº 10.931/2004, a CCI será emitida pelo credor do crédito imobiliário e poderá ser integral, quando representar a totalidade do crédito, ou fracionária, quando representar parte dele. A soma das CCI fracionárias, emitidas em relação a cada crédito, não pode exceder o valor total do crédito que elas representam.

Questão 3:

Gabarito: b

a) o número e a série da cédula; o valor do crédito; a apresentação de prospecto à CVM.
b) **o nome, a qualificação e o endereço do credor e do devedor; a identificação do imóvel; o valor do crédito.**
c) a condição de integral ou fracionária e a identificação da companhia securitizadora que emitiu a cédula de crédito imobiliário.
d) a modalidade da garantia, o valor do crédito e a identificação da companhia securitizadora que emitiu a cédula de crédito imobiliário.

Comentários:

Além desses requisitos, os demais também listados no art. 19 da Lei nº 10.931/2004, deverão constar, obrigatoriamente, das cédulas de crédito imobiliário.

Questão 4:

Gabarito: c

a) a cédula de crédito imobiliário não pode ser fracionária, enquanto o certificado de recebíveis imobiliários pode.
b) o certificado de recebíveis imobiliários é lastreado em créditos imobiliários, e a cédula de crédito imobiliário depende de escritura pública.

c) o certificado de recebíveis imobiliários somente pode ser emitido por companhias securitizadoras e a cédula de crédito imobiliário não tem essa limitação.
d) a cédula de crédito imobiliário constitui uma promessa de pagamento em dinheiro, e o certificado de recebíveis imobiliários constitui uma promessa de pagamento em ações imobiliárias.

Comentários:

As regras referentes à cédula de crédito imobiliário estão previstas na Lei nº 10.931/2004, e as regras referentes ao Certificado de Recebíveis Imobiliários estão previstas na Lei nº 9.514/97.

Questão 5:

Gabarito: a

a) **a forma escritural, o nome do titular e a modalidade da garantia.**
b) o nome do titular, o valor nominal e a identificação dos títulos emitidos.
c) o nome da companhia securitizadora emitente, o número de ordem, o local e a hora de emissão.
d) o valor nominal, a indicação da fração que representa, se for o caso, e o nome da companhia emitente.

Comentários:

As características dos certificados de recebíveis imobiliários estão previstas no art. 7º da Lei nº 9.514/97.

Questão 6:

Gabarito: d

a) o nome do titular, a modalidade da garantia e a ausência de personalidade jurídica.
b) o número e a série das cotas, o valor do crédito e a apresentação obrigatória de prospecto à CVM.
c) a proibição do resgate de cotas, a forma escritural e a apresentação obrigatória de prospecto à CVM.
d) a ausência de personalidade jurídica e o fato de suas obrigações serem assumidas pelo administrador e de constituir um condomínio fechado.

Comentários:

De acordo com o art. 1º da Lei nº 8.668/93, os fundos de investimento imobiliário não possuem personalidade jurídica. Eles caracterizam-se pela comunhão de recursos, captados por meio do Sistema de Distribuição de Valores Mobiliários – na forma da Lei nº 6.385, de 7 de dezembro de 1976 –, destinados à aplicação em empreendimentos imobiliários.

Questão 7:

Gabarito: d

a) somente poderão ser objeto de gravames constituídos em benefício da instituição administradora.
b) integram o ativo do administrador, respondendo direta ou indiretamente por qualquer obrigação do administrador.
c) não podem ser objeto de constituição de quaisquer ônus reais e não são passíveis de execução por credores do administrador.
d) compõem a lista de bens e direitos do administrador, podendo ser dados em garantia de débito de operação do administrador.

Comentários:

As restrições aos ativos imobiliários que compõem o fundo de investimento imobiliário estão previstas no art. 7º da Lei nº 8.668/93.

Questão 8:

Gabarito: c

a) possibilita, ao devedor, transferir a propriedade resolúvel do imóvel ao credor, em garantia de sua obrigação.
b) no que se refere à posse do imóvel objeto, a lei determina que, ao se instituir a propriedade resolúvel em favor do credor, há o desdobramento da posse.
c) **é uma espécie típica de direito real de garantia, cujo objeto é um bem imóvel ou bens equiparados por lei a imóveis, gravando aquele bem ao pagamento da obrigação garantida.**
d) por meio da transferência da propriedade resolúvel ao credor, a hipoteca grava um determinado imóvel no patrimônio do devedor hipotecário, destinando-o ao pagamento daquela obrigação garantida.

Comentários:

O art. 1.473 do Código Civil dispõe sobre o que poderá ser objeto de hipoteca.

Questão 9:

Gabarito: b

a) é decorrente de sentenças em ações condenatórias de obrigação de dar dinheiro.

b) garante cédulas de crédito de imobiliário e certificados de recebíveis imobiliários.

c) resulta de um contrato de caráter acessório a outro contrato, que contém a obrigação principal.

d) é referente à hipoteca instituída em navios e aeronaves, sendo, portanto, instituída bens móveis.

Comentários:

A hipoteca cedular é aquela que garante cédulas de crédito. O art. 1.486 do Código Civil trata da possibilidade de emissão de cédula hipotecária. O bem não poderá ser objeto de penhora por dívidas posteriores e o devedor só poderá dispor do imóvel com a anuência do credor. As cédulas hipotecárias estão sujeitas à legislação especial.

Questão 10:

Gabarito: d

a) pelo administrador do fundo de investimento imobiliário.

b) somente pelas entidades autorizadas a atuar no Sistema de Financiamento Imobiliário (SFI).

c) por bancos de investimento, sociedades corretoras ou sociedades distribuidoras de valores mobiliários.

d) por qualquer pessoa – física ou jurídica – proprietária de bem imóvel, por meio de instrumento público ou particular.

Comentários:

A alienação fiduciária pode ser constituída por pessoa física ou jurídica proprietária de bem imóvel, por meio de instrumento público ou particular. Aquele que constitui a alienação fiduciária é chamado de *devedor fiduciário*.

Módulo IV – Locação

Questão 1:

Gabarito: b

a) compra e venda de imóveis rurais, visando reorganizar o espaço rural.
b) **contratos que versem sobre a cessão da posse ou do uso temporário de imóveis rurais a terceiros.**
c) contratos relativos à locação de imóveis urbanos ou imóveis localizados fora de áreas de preservação ambiental.
d) constituição de área de reserva legal, estabelecidas para recomposição da fauna e flora naturais fora da área de propriedade.

Comentários:

O Estatuto é aplicado a contratos agrários chamados de contrato de arrendamento rural e parceria rural.

Questão 2:

Gabarito: c

a) devolver o imóvel mediante pagamento dos aluguéis restantes.
b) permanecer no imóvel até que o prazo estabelecido no contrato tenha fim.
c) **devolver o imóvel antes do término do prazo contratual, mediante pagamento da multa fixada no contrato.**
d) devolver o imóvel sem pagar a multa estabelecida no contrato, desde que informe ao proprietário sobre a rescisão com antecedência de 30 dias.

Comentários:

O art. 4º da Lei de Locações determina que os contratos por prazo determinado não podem ser rescindidos antecipadamente pelo locador antes de terminado o prazo ajustado. A lei permite, entretanto, que o locatário devolva o imóvel antes do término do prazo contratual, mediante pagamento da multa ajustada entre as partes, a qual normalmente é fixada no valor de três aluguéis.

Questão 3:

Gabarito: c

a) a relação entre arrendador e arrendatário ter características bem distintas da locação.
b) os contratos poderem ser celebrados para qualquer imóvel rural, independentemente de sua área.
c) **a forma de remuneração do proprietário ou possuidor do imóvel ser distinto da remuneração da parceria rural.**
d) o arrendatário ter a possibilidade de comprar o imóvel, ao final do prazo contratual. Na parceria agrícola, isso não acontece.

Comentários:

Na parceria rural, o parceiro outorgante e o parceiro outorgado partilham riscos de caso fortuito e de força maior do empreendimento, isto é, da colheita, ou da criação de animais, assim como os frutos, produtos ou lucros havidos, obedecidos os limites legais.

Questão 4:

Gabarito: c

a) não pode ser celebrado por prazo indeterminado.
b) independentemente da atividade, deverá ser celebrado pelo prazo mínimo de dois anos.
c) presume-se sua contratação pelo prazo mínimo de três anos, na hipótese de o arrendamento ser firmado por prazo indeterminado.
d) o contrato deverá ser celebrado pelo prazo mínimo de seis meses, nos casos em que ocorra atividade de exploração de lavoura temporária.

Comentários:

É facultado às partes renovar ou prorrogar o contrato de arrendamento rural com prazo vencido, sempre respeitando os prazos mínimos.

Questão 5:

Gabarito: c

a) será necessário celebrar o contrato por meio de escritura pública.
b) a garantia oferecida pelo locatário deverá ser, necessariamente, seguro fiança.
c) será necessária a concordância do cônjuge das partes no ato de celebração do contrato.
d) após o décimo ano, o locatário poderá rescindir o contrato a qualquer tempo, desde que pague o aluguel, até completar o prazo de 15 anos.

Comentários:

O contrato de locação pode ser celebrado por qualquer prazo, dependendo de vênia conjugal, se igual ou superior a 10 anos. Ausente a vênia conjugal, o cônjuge não estará obrigado a observar o prazo excedente.

Questão 6:

Gabarito: d

a) a locação com prazo igual ou superior a cinco anos.
b) a existência do imóvel alugado no título de transferência, quando da alienação do imóvel.
c) a prevalência da venda de imóvel alugado sobre o contrato de locação preexistente, no caso de uma rescisão do contrato de locação.
d) o contrato registrado na matrícula do imóvel, no competente Cartório de Registro de Imóveis, tornando tal cláusula oponível a terceiros.

Comentários:

Essa regra está prevista no art. 8º da Lei de Locações (Lei nº 8.245/91).

Questão 7:

Gabarito: d

a) o fim da colheita.
b) a aquisição do imóvel por terceiros.
c) a constituição de hipoteca pelo arrendador.
d) o término do prazo contratual e de sua renovação.

Comentários:

Conforme previsto no art. 26 do Decreto nº 59.566/66, também são hipóteses de extinção do contrato de arrendamento:

- a aquisição do imóvel pelo arrendatário;
- a retomada do imóvel;
- o distrato ou rescisão do contrato;
- a impossibilidade da execução do contrato, por motivo de força maior;

- a existência de sentença judicial irrecorrível;
- a perda do imóvel rural;
- a desapropriação parcial ou total do imóvel rural;
- qualquer outra causa prevista na lei.

Questão 8:

Gabarito: d

a) o imóvel poderá ser sublocado à Marisa, por valor superior ao do aluguel pago por Antônio. A diferença caberá ao locador do imóvel.
b) o imóvel poderá ser sublocado à Marisa e o aluguel será livremente pactuado entre os dois, salvo se o contrato de locação estipular limite de valor para as sublocações.
c) devido à ausência de disposição expressa, no contrato de locação original, acerca da possibilidade de cessão, transferência e sublocação, Antônio não poderá sublocar o imóvel.
d) o imóvel poderá ser sublocado à Marisa, desde que obtido o consentimento prévio e escrito do locador, e o aluguel cobrado de Marisa não seja superior ao valor do aluguel pago por Antônio.

Comentários:

O descumprimento dessa regra autoriza o sublocatário a reduzir o aluguel até os limites estabelecidos por lei.

Questão 9:

Gabarito: d

a) registro na matrícula do imóvel e cláusula expressa prevendo a possibilidade de renovar o contrato.

b) exercício da mesma atividade, pelo locatário, por um tempo mínimo de cinco anos; celebração de um único contrato com prazo mínimo de três anos.
c) exploração do comércio, no mesmo ramo, pelo prazo mínimo e ininterrupto de três anos; prazo mínimo do contrato a renovar ou a soma dos prazos ininterruptos dos contratos escritos de 30 meses.
d) **exploração do comércio, no mesmo ramo, pelo prazo mínimo e ininterrupto de três anos; prazo mínimo do contrato a renovar ou a soma dos prazos ininterruptos dos contratos escritos de cinco anos.**

Comentários:

Se o locatário mantiver todos os requisitos mencionados e a renovação da locação não for feita de comum acordo entre as partes, o locatário poderá valer-se da ação renovatória.

Questão 10:

Gabarito: b

a) não pode ter como fundamento a falta de pagamento dos aluguéis e encargos.
b) **é a única forma de o locador reaver o imóvel, seja qual for o fundamento do término da locação.**
c) é o meio judicial que tem por finalidade objetivar o pagamento dos aluguéis e acessórios da locação mediante consignação.
d) deverá ser proposta em foro distinto da localização do imóvel, independentemente de previsão contratual em sentido contrário.

Comentários:

Nas ações de despejo fundadas na falta de pagamento de aluguel e acessórios da locação, o locatário poderá evitar a rescisão, desde que requeira, no prazo da contestação, autorização para pagamento do débito atualizado, independentemente de cálculo e mediante depósito judicial.

Bibliografia comentada

AGHIARIAN, Hércules. *Curso de direito imobiliário*. 7. ed. Rio de Janeiro: Lumen Juris, 2008.

O autor aborda, nessa obra, os aspectos da posse, da propriedade e demais direitos reais, segundo o clássico *Direito das coisas*. Enfrenta, ademais, sua realizabilidade à luz da Lei de Registros Públicos, onde se encontra o intitulado sistema registral brasileiro. São enfrentados ainda os aspectos da compra e venda, da promessa, a questão condominial edilícia, a incorporação imobiliária e o parcelamento do solo urbano, questões de *shopping center* e multipropriedade, o Estatuto da Cidade e o patrimônio de afetação.

AVVAD, Pedro Elias. *Condomínio em edificações*. Rio de Janeiro/São Paulo: Renovar, 2004.

Nessa obra, as considerações do autor sobre as incorporações e sobre a dinâmica da vida condominial nas construções de porte não são as de quem terá vivido apenas no exercício da advocacia, mas as de quem adicionou ao exercício ordinário da profissão, com estudo sistemático, uma visão própria dessa nova modalidade alheia ao Código de 1916.

BASÍLIO, João Augusto. *Shopping centers*. Rio de Janeiro: Renovar, 2005.

Nessa obra, foi apresentado, inicialmente, um breve histórico acerca do aparecimento dos *shopping centers* no Brasil, examinando-se, em seguida, a natureza jurídica dos vários contratos de ocupação remunerada de espaços em *shoppings* firmados entre empreendedores e lojistas. Em seguida, foi feita uma análise em torno dos diversos personagens envolvidos em uma locação em *shopping center*, identificando o papel de cada um nessa nova forma de mercancia coletiva, tendo sido examinada ainda a estrutura jurídica dos *shopping centers*.

BASTIDA, Cristiana Moreira. Considerações gerais sobre o patrimônio de afetação nas incorporações imobiliárias. In: ALVES, Alexandre Ferreira de Assumpção; GAMA, Guilherme Calmon Nogueira da Coord. *Temas de direito civil-empresarial*. Renovar: Rio de Janeiro, 2008. p. 467-503.

Artigo da professora-autora, Cristiana Moreira Bastida, publicado no livro *Temas de direito civil-empresarial*, obra que atende não apenas ao público universitário, de graduação e de pós-graduação em direito, mas também se mostra de grande valia para os profissionais do direito e ainda de outras áreas do conhecimento humano conectadas à ciência jurídica.

BRAGA, Fabio de Almeida. Notas sobre a Lei 10.931, de 2 de agosto de 2004. *Revista de Direito Bancário e do Mercado de Capitais*, 2004.

Trata da Lei nº 10.931, que dispõe sobre o patrimônio de afetação de incorporações imobiliárias, letra de crédito imobiliário, cédula de crédito imobiliário, cédula de crédito bancário, altera o Decreto-Lei nº 911, de 1º de outubro de 1969, a Lei nº 4.591, de 16 de dezembro de 1964, a Lei nº 4.728, de 14 de julho de 1965, e a Lei nº 10.406, de 10 de janeiro de 2002, e dá outras providências.

CHALHUB, Melhim Namem. *Da incorporação imobiliária*. Rio de Janeiro: Renovar, 2005.

Nessa obra, o autor aprecia o negócio jurídico da incorporação imobiliária, compreendendo o exame de todos os aspectos relativos à formação, à execução e à extinção do contrato de compra e venda de imóveis na planta.

_____. *Negócio fiduciário*. Rio de Janeiro: Renovar, 2009.

Essa obra contém os fundamentos do novo sistema de garantias reais imobiliárias do direito brasileiro, ressaltando a importância da fidúcia para os negócios modernos, em especial os fundos de investimento de ações, de renda fixa e de imóveis.

COSTA, Wille Duarte. *Títulos de créditos de acordo com o Novo Código Civil.* Belo Horizonte: Del Rey, 2003.

Essa obra envolve praticamente todos os títulos de crédito típicos, sendo que os tradicionais e principais são a letra de câmbio, a nota promissória, o cheque, a duplicata mercantil e de prestação de serviços, os títulos rurais, os industriais, os comerciais e muitos outros regulados por nossas leis ora vigentes.

FARIAS, Cristiano Chaves de; ROSENVALD, Nelson. *Direitos reais.* Rio de Janeiro: Lumen Juris, 2006.

Esse livro mantém a visão constitucionalizada do direito civil, unindo esforços intelectuais em torno de um ideal comum – apresentar uma obra de direito civil que, a um só tempo, conseguisse transmitir aos estudantes, com didática e linguagem acessível, o panorama geral do ramo mais cotidiano da vida humana, além de conseguir atingir os profissionais, estreitando o diálogo com os temas mais atuais e polêmicos do direito privado, emprestando utilidade prática e proposições teóricas.

FRANCO, J. Nascimento. *Condomínio.* 3. ed. São Paulo: Revista dos Tribunais, 2001.

Nessa obra, o autor aprofunda-se, com precisão, em questões de grande relevância para o conhecimento do tema, tais como o objeto e os órgãos administrativos do condomínio, o síndico, suas atribuições, os procedimentos para sua destituição, bem como a responsabilidade do condomínio por ação ou omissão sua. Trata da assembleia geral, seus procedimentos de convocação, sua instalação e seu funcionamento, e da comunicação das decisões aos condôminos.

GOMES, Orlando. *Direitos reais*. 19. ed. Atualizada por Luiz Edson Fachin. Rio de Janeiro: Forense, 2007.

> Essa obra abrange todos os ramos do direito civil, expressando, de maneira muito didática, os princípios e alicerces fundamentais em que se fundamenta o direito civil.

KARPAT, Ladislau. *Shopping centers*: manual jurídico. 2. ed. rev. e ampl. Rio de Janeiro: Forense, 1999.

> Esse livro, elaborado por vários colaboradores – todos consagrados juristas –, aborda, com maior profundidade, diversos aspectos jurídicos que suscitaram e ainda suscitam acaloradas discussões doutrinárias.

OPITZ, Silvia Carlinda Barbosa; OPITZ, Oswaldo. *Curso completo de direito agrário*. São Paulo: Saraiva, 2007.

> Essa obra apresenta-se como referência bibliográfica completa sobre o tema, por tratar das fontes do direito agrário e sua posição no sistema jurídico, das restrições ao direito de propriedade, da usucapião constitucional rural, da reforma agrária, da política agrária, entre tantos outros aspectos relacionados ao tema.

RODRIGUES, Sílvio. *Direito civil*: direito das coisas. São Paulo: Saraiva, 2002. v. 5.

> O volume 5 dessa consagrada coleção examina os direitos das coisas e encontra-se adaptado à luz do Novo Código Civil, instituído pela Lei nº 10.406/2002, sem deixar de considerar a lei anterior, possibilitando traçar um paralelo entre os dois diplomas, algo essencial para estudiosos, professores e acadêmicos do direito.

Autoras

Christiane Scabell Höhn é pós-graduada em gestão empresarial pela Fundação Getulio Vargas e formada pela Universidade do Estado do Rio de Janeiro (Uerj). Advogada especializada em direito imobiliário, é autora de diversos artigos publicados em obras especializadas, no Brasil e no exterior.

Cristiana Moreira Bastida é mestre em direito civil e pós-graduada em direito civil constitucional, ambos pela Universidade do Estado do Rio de Janeiro (Uerj), e formada pela Pontifícia Universidade Católica do Rio de Janeiro (PUC-Rio). Advogada especializada em direito imobiliário, é autora de artigos publicados em obras especializadas, no Brasil e no exterior, e professora em cursos de especialização e pós-graduação.

FGV Online

Missão

Desenvolver e gerenciar tecnologias, metodologias e soluções específicas de educação a distância, sob a responsabilidade acadêmica das escolas e dos institutos da FGV, no âmbito nacional e internacional, liderando e inovando em serviços educacionais de qualidade.

Visão

Ser referência internacional na distribuição de produtos e serviços educacionais inovadores e de alta qualidade na educação a distância.

Cursos oferecidos

O FGV Online oferece uma grande variedade de tipos de cursos, desde atualizações até especializações e MBA:

- cursos de atualização;
- cursos de aperfeiçoamento;
- graduação;
- MBAs e cursos de especialização;
- soluções corporativas;
- cursos gratuitos (OCWC).

Cursos de atualização

Os cursos de atualização de 30 a 60 horas visam atender ao mercado de educação continuada para executivos. Professores-tutores – capacitados em educação a distância e especialistas na área em que atuam –

orientam os participantes. Vídeos, animações e jogos didáticos auxiliam a apreensão dos conteúdos apresentados nos cursos.

Os cursos de atualização são destinados aos interessados em rever e aprimorar suas atividades profissionais, além de interagir com profissionais da área. São cursos práticos que podem ser aplicados em seu dia a dia rapidamente. Para a realização dos cursos, é recomendável já ter cursado uma graduação.

Os cursos de atualização do FGV Online são veiculados, essencialmente, via internet. A utilização de diversos recursos multimídia fomenta a busca de informações, a reflexão sobre elas e a reconstrução do conhecimento, além de otimizar a interação dos alunos entre si e com o professor-tutor, responsável pelo suporte acadêmico à turma.

O curso tem duração aproximada de nove semanas.

Cursos de aperfeiçoamento

Os cursos de aperfeiçoamento de 120 a 188 horas são voltados para a formação e o desenvolvimento de competências gerenciais estratégicas com ênfases em áreas do conhecimento específicas. Para a realização dos cursos de aperfeiçoamento, é recomendável já ter cursado uma graduação.

Graduação

Os Cursos Superiores de Tecnologia a distância são cursos de graduação direcionados a profissionais que pretendam se apropriar de novas ferramentas e técnicas de gestão.

Considerando que, nos mercados competitivos, só sobrevivem as empresas que contam com a criatividade, a flexibilidade e a eficácia de seus colaboradores, os Cursos Superiores de Tecnologia visam atender tanto às organizações que buscam qualificar seus executivos quanto aos que não conseguem dar continuidade a sua formação, seja por falta de tempo para participar de cursos presenciais, seja porque não existem, na cidade em que residem, instituições de ensino superior.

Os Cursos Superiores de Tecnologia são diplomados pela Escola Brasileira de Administração Pública e de Empresas da Fundação Getulio

Vargas (Ebape/FGV). O diploma dos Cursos Superiores de Tecnologia, realizados a distância, contempla as mesmas especificações e tem idêntico valor ao dos diplomas das graduações presenciais.

MBAs e cursos de especialização

Tendo como pré-requisito o diploma de graduação, os MBAs e cursos de especialização a distância destinam-se a executivos que desejam se especializar em suas áreas de atuação, aliando conhecimento e *networking* profissional para acompanhar as frequentes mudanças no competitivo mercado de trabalho.

A metodologia do curso contempla, além do trabalho com diferentes ferramentas de internet, encontros presenciais, realizados em polos espalhados por todas as regiões do Brasil.

As disciplinas do curso são elaboradas por professores da FGV, enquanto os professores-tutores discutem o conteúdo, orientam atividades e avaliam trabalhos dos alunos no ambiente virtual de aprendizagem, via internet.

Os MBAs e cursos de especialização do FGV Online têm, no mínimo, 360 horas, e apresentam opções em diversas áreas de conhecimento:

- MBA Executivo em Administração de Empresas com ênfase em Gestão;
- MBA Executivo em Administração de Empresas com ênfase em Meio Ambiente;
- MBA Executivo em Administração de Empresas com ênfase em Recursos Humanos;
- MBA Executivo em Direito Empresarial;
- MBA Executivo em Direito Público;
- MBA Executivo em Finanças com ênfase em *Banking*;
- MBA Executivo em Finanças com ênfase em Controladoria e Auditoria;
- MBA Executivo em Finanças com ênfase em Gestão de Investimentos;
- MBA Executivo em Gestão e *Business Law*;
- MBA Executivo em Gestão Pública;
- MBA Executivo em Marketing;
- Especialização em Administração Judiciária;
- Especialização em Gestão da Construção Civil;

- Especialização em Gestão de Pequenas e Médias Empresas;
- Especialização em Negócios para Executivos – GVnext.

O MBA Executivo em Administração de Empresas é certificado, pela European Foundation for Management Development (EFMD), com o selo CEL, que avalia e certifica a qualidade dos programas das escolas de negócios.

Além dessas opções, o FGV Online possui dois MBAs internacionais: o MBA Executivo Internacional em Gerenciamento de Projetos (em parceria com a University of California – Irvine) e o Global MBA (em parceria com a Manchester Business School), que são programas destinados a executivos, empreendedores e profissionais liberais que, precisando desenvolver suas habilidades gerenciais, querem uma exposição internacional sem precisar sair do país.

Soluções corporativas

Definidas em parceria com o cliente, as soluções corporativas do FGV Online possibilitam que os colaboradores da empresa – lotados em diferentes unidades ou regiões, no país ou no exterior – tenham acesso a um único programa de treinamento ou de capacitação.

É possível ter, em sua empresa, todo o conhecimento produzido pelas escolas e unidades da FGV, na forma de educação a distância (*e-learning*). São soluções e produtos criados pela equipe de especialistas do FGV Online, com o objetivo de atender à necessidade de aprendizado no ambiente empresarial e nas universidades corporativas.

Os cursos corporativos do FGV Online são acompanhados por profissionais que, responsáveis pelo relacionamento empresa-cliente, elaboram todos os relatórios, de modo a registrar tanto todas as etapas do trabalho quanto o desempenho dos participantes do curso.

Cursos gratuitos (OCWC)

A Fundação Getulio Vargas é a primeira instituição brasileira a ser membro do OpenCourseWare Consortium (OCWC), um consórcio de instituições de ensino de diversos países que oferecem conteúdos e materiais didáticos sem custo, pela internet.

O consórcio é constituído por mais de 300 instituições de ensino de renome internacional, entre elas a Escola de Direito de Harvard, o Instituto de Tecnologia de Massachusetts (MIT), a Universidade da Califórnia (Irvine) e o Tecnológico de Monterrey, entre outras, provenientes de 215 países.

Atualmente, o FGV Online oferece mais de 40 cursos gratuitos – há programas de gestão empresarial, de metodologia de ensino e pesquisa, cursos voltados a professores de ensino médio, um *quiz* sobre as regras ortográficas da língua portuguesa, entre outros –, sendo alguns deles já traduzidos para a língua espanhola. A carga horária dos cursos varia de cinco a 30 horas.

Membro do OCWC desde julho de 2008, o FGV Online venceu, em 2011, a primeira edição do OCW People's Choice Awards – premiação para as melhores iniciativas dentro do consórcio –, na categoria de programas mais inovadores e de vanguarda. Em 2012, o FGV Online venceu, pelo segundo ano consecutivo, dessa vez na categoria de recursos mais envolventes.

Para saber mais sobre todos os cursos do FGV Online e fazer sua inscrição, acesse <www.fgv.br/fgvonline>.

Este livro foi impresso nas oficinas gráficas da Editora Vozes Ltda.,
Rua Frei Luís, 100 – Petrópolis, RJ.